ORT
ORT MEANS PLACE, SITE, LOCATION AND MORE
HDA DOKUMENTE ZUR ARCHITEKTUR 19/20
ISBN 3-901174-57-5

Herausgeber und Verlag: Haus der Architektur Graz

Verlagsadresse:
Engelgasse 3-5, A-8010 Graz, Austria
Tel 0043 (0) 316-32 35 00
Fax 0043 (0) 316-32 35 00 75
verlag@HDA-GRAZ.at
http://www.HDA-GRAZ.at

Redaktion:
Renate Ilsinger, Kira Kirsch, Erich Prödl, Irmfried Windbichler
Redaktionsassistenz: Karin Raimann
Korrektorat: Monika Mosing
Übersetzung: Y'Plus Susanne Baumann-Cox, Maria Nievoll, Zuzana Guldanova, Maria Topolcanska

Rechte: Die Redaktion behält sich alle Rechte einschließlich der Übersetzung und aller Arten der Wiedergabe vor.

Layout: ulbl+jakely, wien/graz

Druck: Carinthian Bogendruck GmbH, Klagenfurt

Vorstand des Hauses der Architektur 2004 / 2005: Edgar Hammerl, Thomas Heil, Robert Kutscha, Erich Prödl, Irmfried Windbichler

Preis einer Doppelausgabe: € 19.90
Abo-Bestellungen: Haus der Architektur Graz

Die Deutsche Bibliothek verzeichnet diese Publikation in der Deutschen Nationalbibliografie; detaillierte bibliografische Daten sind im Internet über http://dnb.ddb.de abrufbar.

ISBN 3-901174-57-5
ISSN 3-1027-9725

© 2005
Haus der Architektur, Redaktion HDA Dokumente zur Architektur
Engelgasse 3-5, A-8010 Graz, Austria

ORT MEANS PLACE, SITE, LOCATION AND MORE

004	Vorwort **Introduction**	066	José Fernando Gonçalves **Gebäude im Namen Gottes** Buildings in the Name of God
006	Matthias Boeckl **Ort** Place	070	Giovanni Leoni **Fernando Luís Cardoso** **Menese de Tavares e Távora** Fernando Luís Cardoso Menese de Tavares e Távora
009	Zita Oberwalder **Fotos zum Thema Ort** Photos concerning Place	076	Viviane Stappmanns **Land in Sicht – Eine Reise** Land ahead – A Journey
018	Friedrich Achleitner **Dem Ort entgeht man nicht –** **Fragmente eines Gesprächs** There is no Escaping the Place – Fragments of an Interview	084	Sean Godsell **Wohnprototypen** Prototypical Housing Proposals
026	Adam Caruso **Traditionen** Traditions	092	Irmfried Windbichler **die variable konstante ORT** ORT the variable constant
032	Ellis Woodman **Noch eine britische Architektur** Another British Architecture	098	Erich Prödl **Die Partizipation des Vorhandenen** The Participation of the Available
040	Rodrigo Perez de Arce **Chile, Materie ohne Erinnerung:** **Ein persönlicher Eindruck** Chile, Matter without Memory: A personal View	104	Henrieta Moravčíková **Slowakei: Eine sinnvolle Peripherie?** Slovakia: Meaningful Periphery?
048	Smiljan Radic Clarke **Cada Cosa – Jedes Ding** Cada Cosa – Every Thing	112	Heinz Tesar **La Veneguera** La Veneguera
056	Juhani Pallasmaa **Die internalisierte Landschaft –** **die Komponenten des Domizils** The internalized Landscape – the Constituents of Domicile	118	Brian Carter **Die Buffalo Werkstätten** The Buffalo Workshops
		130	Einladungen Invitations

VORWORT
INTRODUCTION

[1] HDAX01: Über die Aufgabe der Architektur als Aufgabe der Architektur, Verlag HDA, Graz 2001.
[2] HDAX02: Perfekte Location. Unsere Zeit ist gekommen! … aber gleich wieder vergangen, Verlag HDA, Graz 2003.
[3] 100% Stadt. Der Abschied vom Nicht-Städtischen, Verlag HDA, Graz 2003.
[4] Das Programmteam sind der Vorstand des HDA in Zusammenarbeit mit Matthias Boeckl (Chefredakteur „architektur.aktuell"), Projektabwicklung: Claudia Tappeiner und Kira Kirsch.

[1] HDAX01: Über die Aufgabe der Architektur als Aufgabe der Architektur, Verlag HDA, Graz 2001.
[2] HDAX02: Perfekte Location. Unsere Zeit ist gekommen! … aber gleich wieder vergangen, Verlag HDA, Graz 2003.
[3] 100% Stadt. Der Abschied vom Nicht-Städtischen, Verlag HDA, Graz 2003.
[4] The programme team consists of the Board of HDA in collaboration with Matthias Boeckl (editor-in-chief of 'architektur.aktuell'), project managers: Claudia Tappeiner and Kira Kirsch.

Das Haus der Architektur Graz, kurz HDA, als eine der mittlerweile etabliertesten Institutionen auf dem Gebiet der Architekturvermittlung und Förderung zeitgenössischer Baukultur, gegründet als Forum und Plattform an der Schnittstelle von Produzenten und einer interessierten Öffentlichkeit, versucht, neben permanenter Aktivität in der lokalen und überregionalen Architektur- und Kulturszene, mit seiner thematisch in zwei Jahresblöcke gefassten Programmschiene anregende Beiträge zu einem spartenübergreifenden Diskurs zu liefern.

Die Auseinandersetzungen in den abgelaufenen Programmperioden warfen unter dem Titel „HDAX" die Fragestellung nach dem „Wert und Mehrwert" in der Architektur auf, begaben sich auf die Suche nach der „Perfekten Location" und durchleuchteten das Phänomen „Zeit".

In den darauf folgenden zwei Jahren startete man mit dem Programmschwerpunkt „europe.cc – changing cities" den Versuch, die entscheidenden Wesenszüge und Kriterien der permanent in Veränderung befindlichen europäischen Stadt zu ergründen und offen zu legen.

Die Essenzen einer Vielzahl von Vorträgen, Symposien und Workshops unter Einbeziehung von Beiträgen externer Autoren wurden, wie seit jeher bei Programmschwerpunkten üblich, als „HDA Dokumente zur Architektur" zu Papier gebracht und unter den Titeln „HDAX01"[1], „HDAX02"[2] und „100% Stadt"[3] publiziert.

Nach diesen großteils transdisziplinär und zuweilen ganz bewusst weit entfernt vom Kern der eigentlichen Bauaufgabe geführten Diskussionen stieß das Programmteam[4] im Zuge der Beschäftigung mit aktuellen Themen und Fragestellungen auf eine ganz spezielle, doch keinesfalls neuartige Sehnsucht, eine Sehnsucht nach Konkretem, nach konkret Gebautem, nach Gebautem an einem und nur dem einen konkreten Ort.

Das nun vorliegende Buch, der mittlerweile 19. Band der „HDA Dokumente zur Architektur", bildet den Abschluss eines Projekts, welches sich aus dieser Sehnsucht heraus entwickelte. Die Reise an den Ort, den Anfang und das Ende eines Bauwerkes, die Inspirationsquelle oder auch Verunmöglichung, mal Kulisse, mal Determinante, wie immer der Ort sich auch präsentieren würde, wie immer das dort Entstandene auf uns wirken sollte, diese Reise führte durch drei Kontinente: von Österreich über London, Chile, Finnland, Portugal bis Australien, durch Landschaften und Städte, Gesellschaften und Kulturen, zu Personen, Gedanken, Motiven und Grundlagen architektonischen Handelns, zu konkreten Antworten und offenen Fragen und eben dorthin, wo diese begründet scheinen – an den Ort.

Edgar Hammerl für den Vorstand des HDA Graz

Haus der Architektur-Graz, HDA for short, as one of the most established institutions in the field of architecture education and promotion of contemporary building culture, founded as a forum and platform at the interface of producers and the interested public, sets out with its biannual programme to provide stimulating contributions to a cross-discipline discourse, in addition to its ongoing activities in the local and supraregional architecture scene.

Under the heading of 'HDAX', the past programme periods focused on the question as to 'Value and Added Value' in architecture, set out in search of the 'Perfect Location', and illuminated the phenomenon of 'Time'.

In the following two years, the 'europe.cc – changing cities' programme embarked on an attempt to explore and reveal the key traits and criteria of the constantly changing European city.

As with all previous programmes, the 'HDA Dokumente zur Architektur' have always featured the essences of a host of lectures, symposiums and workshops, along with contributions from external authors, with the final publications appearing under the titles 'HDAX01'[1], 'HDAX02'[2] and '100% Stadt'[3].

Following these largely interdisciplinary discussions, sometimes very consciously removed from the core of the actual building task, in the course of handling current issues the programme team[4] developed a very special and yet by no means new desire, a desire for concrete elements, concrete buildings, buildings in one, and just one, concrete place.

This book, the nineteenth volume of the 'HDA Dokumente zur Architektur', forms the conclusion of a project that developed on the basis of this desire. The journey to the place, the beginning and the end of a building, the source of inspiration or failure, now a backdrop, now a determinant, how so ever the place might present itself, how so ever what is built there may appear to us, this journey takes us to three continents: from Austria via London, Chile, Finland, Portugal to Australia, through landscapes and cities, societies and cultures, to individuals, thoughts, motifs and underlying conditions of architectural agency, to concrete answers and outstanding questions, and to where they seem to be founded – to the place.

Edgar Hammerl for the Executive Board of the HDA Graz

ORT
PLACE

MATTHIAS BOECKL

GEBOREN 1962, CHEFREDAKTEUR DER ZEITSCHRIFT „ARCHITEKTUR.AKTUELL", LEBT IN WIEN. STUDIUM DER KUNSTGESCHICHTE, HABILITATION 1999. LEHRT AN DER UNIVERSITÄT FÜR ANGEWANDTE KUNST IN WIEN. ZAHLREICHE PUBLIKATIONEN ÜBER KUNST UND ARCHITEKTUR DER MODERNE UND GEGENWART.

BORN 1962, EDITOR-IN-CHIEF OF THE MAGAZINE 'ARCHITEKTUR.AKTUELL', LIVES IN VIENNA. STUDIED ART HISTORY, UNIVERSITY LECTURING QUALIFICATION 1999. TEACHES AT VIENNA UNIVERSITY OF APPLIED ARTS. NUMEROUS PUBLICATIONS ON CONTEMPORARY AND MODERN ART AND ARCHITECTURE.

Das Thema „Ort" – also jene Dimension der Planungsarbeit, die in typologischer, funktionaler, formaler, materialmäßiger und gesellschaftlicher Hinsicht auf lokal gegebene Bedingungen mit dem Ziel reagiert, die nachhaltige Entwicklung humaner bis komfortabler Lebensbedingungen einer überblickbaren und selbstbestimmten Region (sei es eine urbane Agglomeration oder ein ländlicher Bezirk) möglichst unabhängig von globalen Einflüssen architektonisch zu fördern, – ist eines der zentralen Themen der aktuellen internationalen Architekturdebatte.

Eine der vielfältigen Auswirkungen der Globalisierungsdebatte ist die Suche nach „best practices" zur Erhaltung regionaler Selbstbestimmung – vor allem auch in der Kultur, die wesentlich vom Baubetrieb einer Region mitformuliert wird und sie ausdrückt. Dieses Streben nach Autonomie hat in den erfolgreichen Beispielen – seien es die intakte Kultur bestimmter ländlicher Regionen Europas oder eine funktionierende Großstadtkultur beziehungsweise (oppositionelle) Teilkulturen, die zur Sanierung des Ganzen angetreten sind, – nichts mit traditionalistischer Abschottung und Innovationsskepsis zu tun, sondern bezieht im Gegenteil seine Instrumente gerade aus dem internationalen Erfahrungsaustausch. Die Globalisierung stellt so gesehen auch die Werkzeuge zur Abfederung ihrer eigenen Defizite zur Verfügung. Und das ist seit Anbeginn der Moderne so. Schon die nationalromantischen Strömungen der Zeit um 1900 versuchten, länderübergreifende Allianzen zu schmieden – jedoch unter dem Emblem nationalistischen Eigensinns, einer Haltung, die – so viel kann man heute sagen – wenig zur Entstehung längerfristig funktionierender regionaler, selbstbestimmter, aber auch weitgehend autarker Kulturen beigetragen hat. Im Gegenteil, gerade jene erfolgreichen städtischen oder ländlichen Regionalkulturen, die wir heute auf dem Gebiet der Architektur bewundern (etwa Vorarlberg, London, Katalonien oder das Tessin), haben ihre Innovationen stets durch die Verbindung einer gewachsenen lokalen Bautradition mit jenen präzise ausgewählten Elementen überregionaler Strömungen entwickelt, die in der eigenen Kultur brauch- und anwendbar waren und erst damit zum sozialen Fortschritt beitragen konnten. Es kommt also auf die kritische Redaktion dessen an, was man aus dem Weltgeschehen auf das Lokale überträgt. Und globale Änderungen sind die Summe vieler lokaler Entwicklungen.

In diesem Sinne sollte man sich kritisch mit einer Reihe erfolgreicher Architekturregionen befassen, die heute besondere Aufmerksamkeit der internationalen „architectural community" genießen. Man soll dabei nicht romantische Rebellen suchen, sondern praktisch bewährte, nachhaltig wirkende Baukulturen, die positive Veränderungen eher am Ort ihrer Intervention als im abstrakten internationalen Theoriediskurs anstreben. Solche funktionierenden „örtlichen" Architektursysteme können wir gleichermaßen in Städten und Landregionen antreffen, Architekturqualität ist keine Frage des Standorts, sondern von Haltungen und Produktionsbedingungen.

Aus der Betrachtung solcher theoretischer und praktischer Ansätze lassen sich Informationen zu Arbeitstechniken dieser qualitätsorientierten, die Welt als Ausgangspunkt und den Ort als Ziel interpretierenden Architektursysteme beziehen. Dadurch werden nachvollziehbare Techniken vermittelt und damit ein vor allem praktischer Nutzen für Planer geschaffen.

The theme of 'Place' – specifically that dimension of planning work that reacts to local conditions, typologically, functionally, formally, materially and socially, with the aim of promoting the sustainable development of a region, i.e. architectural promotion of the development of humane and comfortable living conditions in a clear and self-determined region, be it urban agglomeration or rural district, independent of global influences – currently is the focus of topical international architectural discussion.

One of the many effects of the globalization debate is the search for 'best practices' for maintaining regional self-determination, above all in the cultural realm, which is essentially co-determined and expressed by building activities in a region. In the successful examples, be it the intact culture of specific rural regions in Europe or a well-functioning city culture, or (oppositional) part cultures aimed at the sanitation of the whole, this striving for autonomy cannot be put down to traditionalistic bulkheading or scepticism towards innovation. Rather the opposite is the case, it actually gains its tools in the international exchange of experience. From this angle, globalization also provides the instruments to soften the blow of its own deficits. This has been the case since the beginning of modernism. The national romantic trends of around 1900 tried to forge cross-border alliances. This, however, occurred under the emblem of nationalistic obstinacy: as we know today, an attitude that contributed little to the long-term functioning of regional, self-determined or largely self-sufficient cultures. On the contrary, especially those urban or rural regional cultures which we today admire for their architecture (such as Vorarlberg, London, Catalonia or Ticino) have always developed their innovations from the combination of a homegrown local building tradition and elements carefully chosen from supraregional trends, which were applicable and useful in and for their own culture, and could thus contribute to social progress. This requires critical editing of what will be transferred from world affairs in and onto the local realm. Global changes are the sum of many local developments.

In this sense one should critically discuss a series of architectural regions that today enjoy the special attention of the international architectural community, aside from romantic rebels, but instead looking for building cultures with sustainable effect that have proven to work in practice, striving for positive alterations on the site of their intervention rather than in abstract international theoretical discussion. Such well-functioning 'local' architectural systems can be found in both rural and urban regions; architectural quality is not a question of location but of attitude and production conditions.

Gathering valuable information about the working techniques of quality-oriented architectural systems that interpret the world as their starting-point and the location as the aim, and finding concrete comparabilities and comprehensible techniques, might create some practical use for planners.

AUSTRIA

LONDON

CHILE

FINLAND

AUSTRALIA

DEM ORT ENTGEHT MAN NICHT – FRAGMENTE EINES GESPRÄCHS
THERE IS NO ESCAPING THE PLACE – FRAGMENTS OF AN INTERVIEW

FRIEDRICH ACHLEITNER

GEBOREN 1930, ARCHITEKTURHISTORIKER UND SCHRIFTSTELLER, LEBT IN WIEN. 1955–1964 MITGLIED DER „WIENER GRUPPE", GEMEINSCHAFTSARBEITEN MIT H. C. ARTMANN, K. BAYER, G. RÜHM UND O. WIENER, 1983–1998 INHABER DES LEHRSTUHLS FÜR ARCHITEKTURGESCHICHTE AN DER HOCHSCHULE FÜR ANGEWANDTE KUNST IN WIEN. ÖSTERREICHISCHER STAATSPREIS FÜR KULTURPUBLIZISTIK 1984. ZAHLREICHE BÜCHER UND PUBLIKATIONEN, Z.B. „FÜHRER ZUR ÖSTERREICHISCHEN ARCHITEKTUR IM 20. JAHRHUNDERT", DER SEIT 1980 IN EINZELBÄNDEN ERSCHEINT.

BORN 1930, ARCHITECTURE HISTORIAN AND AUTHOR, LIVES IN VIENNA. 1955–1964 MEMBER OF THE 'WIENER GRUPPE'; COLLABORATION WITH H. C. ARTMANN, K. BAYER, G. RÜHM AND O. WIENER; 1983–1998 HE TAUGHT HISTORY OF ARCHITECTURE AT VIENNA UNIVERSITY OF APPLIED ARTS. ÖSTERREICHISCHER STAATSPREIS FÜR KULTURPUBLIZISTIK (AUSTRIAN NATIONAL PRIZE FOR CULTURAL JOURNALISM) 1984. NUMEROUS BOOKS AND PUBLICATIONS SUCH AS THE 'FÜHRER ZUR ÖSTERREICHISCHEN ARCHITEKTUR IM 20. JAHRHUNDERT' ('GUIDEBOOK FOR 20TH CENTURY ARCHITECTURE IN AUSTRIA'), WHICH HAS BEEN PUBLISHED IN SEPARATE VOLUMES SINCE 1980.

Friedrich Achleitner: Das Interesse am Thema Ort gibt es gezwungenermaßen, weil man ja nur an einem Ort bauen kann, dem Ort entgeht man also nicht. Es ist das Wesen der Architektur, dass sie mit einem Ort verbunden ist. Die Bewegung passiert nur mit unseren Beinen oder im Kopf. Wir sehen und interpretieren Architektur ständig neu.

Irmfried Windbichler: Trotz des Eindrucks, dass sich, formal gesehen, die Architektur weltweit zunehmend angleicht, kann man beobachten, dass die Produktionsbedingungen oder die historischen Hintergründe oft recht unterschiedlich sind.

F. A. Daraus entsteht regionale Architektur.

Erich Prödl: In Ihrem Buch „Region, ein Konstrukt? Regionalismus, eine Pleite?" unterscheiden Sie zwischen regionaler und regionalistischer Architektur. Dabei sehen Sie als ein wesentliches Merkmal der regionalen Architektur, dass sie sich in keinem bewusst ästhetischen, sich selbst reflektierenden Zustand befindet.

F. A. Ich unterscheide zwischen Regionalismus und regionaler Architektur: Regionale entsteht automatisch durch die personalen, kulturellen, wirtschaftlichen, technologischen etc. Ressourcen einer Region.

Eine regionale Architektur arbeitet eigentlich immer in ihren eigenen Wertungen und Maßstäben und reflektiert das, was in der Welt passiert. Das Thema ist nicht die Selbstreflexion, sondern das, was wir von außen für uns gut verwerten können. Dadurch entstehen auch immer ähnliche Bauten, die allerdings in Andalusien anders aussehen als im Burgenland.

Neue Tendenzen entstehen meist in Zentren, neue Entdeckungen oder neue Philosophien, das war in der Geschichte immer so, in der Gotik genauso wie im Barock. Wo haben zum Beispiel die Italiener überall gebaut, wie viele Städte und Regionen haben sie geprägt? Die Villenarchitektur der Spätrenaissance und des Klassizismus breitete sich nicht nur über ganz Europa, sondern bis in die Kolonien aus, überall dorthin, wo ähnliche kulturelle Informationen und Bedürfnisse existiert haben.

E. P. Die Information hat in einer gewissen Zeit nur eine gewisse Schicht erreicht. Mittlerweile erreicht sie alle, d.h. jeder Häuselbauer hat die gleichen Informationen oder könnte sie haben.

F. A. Könnte sie haben, wie der Architekt, der irgendwo ein Opernhaus baut. Aber sehen wir uns Vorarlberg an, dort gibt es in der Architektur nichts mehr, was

Friedrich Achleitner: The interest in the subject of place exists perforce. It is the nature of architecture that it is connected to a place, as it is only possible to build in a place. There is no escaping the place.

Irmfried Windbichler: Despite the impression that, formally, architecture around the world is becoming increasingly similar, we are observing a situation in which the production conditions or historical backgrounds are often quite different.

F. A. The result is regional architecture.

Erich Prödl: In your book 'Region, ein Konstrukt? Regionalismus, eine Pleite?' you distinguish between regional and regionalistic architecture. You see an intrinsic feature of regional architecture in that it is not in a consciously aesthetic, self-reflecting state.

F. A. I distinguish between regionalism and regional architecture: regional architecture arises automatically as a result of a region's human, cultural, economic, technological, etc. resources.

Regional architecture really always operates in its own valuations and scales, and reflects what is happening in the world. The subject is not self-reflection but rather what we can make good use of from the outside. This also always leads to similar buildings which are, however, different in Andalusia to those in Burgenland.

New trends generally come about in centres, new discoveries or new philosophies – that was always the case in history, in the Gothic just as in the baroque period. All the places that the Italians, for example, built, how many cities and regions did they influence? Villa architecture in the Late Renaissance and classicism not only spread throughout Europe but also reached the colonies, wherever similar cultural information and needs existed.

E. P. The information only reached a certain class in a certain period. Today it reaches everyone, i.e. anyone building a house has, or could have, the same information.

F. A. Could have it, like the architect building an opera house somewhere. But let's look at Vorarlberg, where nothing about the architecture reminds us of the old houses any more; but there are invisible traditions that are stronger. Vorarlberg is the only region I know where the local farmers had an almost bourgeois culture of living as early as the 18th century. It was at a very high standard of craftsmanship and this kind of craft lives on today. And because there were already co-operative-style

auf die alten Häuser hinweist, aber es gibt unsichtbare Traditionen, die eben stärker sind. Vorarlberg ist die einzige Region, die ich kenne, wo es schon im 18. Jahrhundert eine fast bürgerliche Wohnkultur der Wälder-Bauern gegeben hat. Diese war auf einem sehr hohen handwerklichen Stand und diese Art von Handwerklichkeit lebt bis heute weiter. Und da es schon im Barock (und vielleicht schon früher) genossenschaftsähnliche „Handwerkersippen" (die „Vorarlberger Baumeister") gab, ist es nicht verwunderlich, dass die „Vorarlberger Baukünstler" sich in Kooperativen entwickelt haben. Zur bekannten handwerklichen Genauigkeit kommt eine basisdemokratische Unabhängigkeit der Bevölkerung, die damit zusammenhängt, dass es in den westlichen Alpen nie Leibeigene gab.

I. W. Wenn ich die Peripherien von Städten anschaue, bekomme ich ein Gefühl der Austauschbarkeit oder der Gleichheit. Ich frage mich, ob einem der Ort oder der örtliche Bezug in solchen Bereichen verloren geht oder ob er dort bedeutungslos ist.

F. A. Ich glaube, ein Bestandteil der Ortswahrnehmung war immer, dass man die Wirklichkeit anders sah, als sie wirklich war. Es ist ein merkwürdiges Phänomen, wie sich Orte nur in der Wahrnehmung verändern. Nehmen Sie den 1. Bezirk in Wien. Ich bin 1969 in die Innere Stadt gezogen. Damals war der 1. Bezirk fast leer und an der Grenze zur Verslumung. Es gab Wohnungen mit kaputten Fenstern, man hat gewusst, diese Wohnung ist frei. Das hat sich in den letzten dreißig Jahren radikal geändert, jetzt wollen alle in der Stadt wohnen, oder wenigstens so viele, dass der 1. Bezirk gar nicht alle aufnehmen kann. Die Veränderung passierte zunächst nur im Kopf, die Realität folgte hinterdrein. Die Bausubstanz war ja immer gleich, mehr oder weniger renoviert oder ausgebaut. Jetzt ist das Angebot natürlich besser, die Gastronomie, das kulturelle Leben, alles hat sich verändert, aber der Ort war immer der gleiche. Der Bezirk war immer gleich schön oder gleich hässlich.

E. P. Wenn ich in Zeitschriften sehe, dass der Ort in der Beurteilung und in der Beschreibung von Architektur immer weniger eine Rolle spielt, wird es für mich immer langweiliger, diese Hefte zu lesen, weil jedes Gebäude, auch wenn es möglicherweise interessant in einem Ensemble steht oder ganz speziell einen Ort neu formiert, nur in seiner Objektqualität beurteilt wird.

F. A. Einen Ort kann man nur erleben, anschauen, riechen, hören. Eine Publikation hat höchstens den Zweck, dass man weiß, wo etwas ist, und dass man, wenn man daran interessiert ist, es auch findet. Sie kann nicht die Architektur ersetzen. Das kann weder das Wort noch das Bild.

Der Ort (oder die Architektur) ist also nicht beschreib- oder vermittelbar. Wenn ich einen Vortrag halte, kann ich nur über Dias reden, die ich selbst gemacht habe, weil ich dann noch zusätzlich etwas vermitteln kann, was man im Bild nicht sieht. Oder umgekehrt: Als ich zum ersten Mal die Faguswerke von Gropius sah, dachte ich, mein Gott, sind die klein. Sie wurden immer in der monumentalen Fotografie der zwanziger Jahre präsentiert. In Wirklichkeit ist das Objekt ein Zwutschkerl[1], als Leistenfabrik eine größere Tischlerei. Und so ist es: Ich redete also in den Vorlesungen dreißig Jahre über diesen Bau und habe immer das Falsche vermittelt.

E. P. Haben Sie je mit dem Begriff „Kritischer Regionalismus" etwas anfangen können?

F. A. Ich behaupte, dass alle „regionalistischen" Phänomene international waren, ob es sich um ein Hotel in der Normandie oder am Semmering handelte. Der Tourismusschub um 1880–1890 hat in alle betroffenen Länder die gleichen Prototypen von Bauten gebracht, die dann „regional" (mit bäuerlichen Ornamenten) eingekleidet wurden. Dieses Phänomen hat sich in der Postmoderne in einer anderen Weise wiederholt. Der sich kaputtgebaute „Nachkriegsfunktionalismus" hat wieder Bedürfnisse nach stilistischen Einkleidungen erweckt. Die intelligenten Stadtanalysen von Aldo Rossi haben sich aber bei seinen Nachahmern (schließlich auch bei ihm selbst) im Motivischen, in „Zitaten" (meist missverstandenen) verheddert. Wenn man zitieren will, muss man zuerst lesen lernen.

E. P. Aber ist nicht dann genau dieser kritische Regionalismus eine mögliche Antwort oder ein möglicher Ausweg? Die Postmoderne hat sich verrannt in das Motivische und dieser kritische Regionalismus hat dann versucht zu sagen, wir sind modern, aber ich schaue sehr genau, welche Ressourcen und Materialien es vor Ort gibt.

F. A. In diesem Sinne verstanden, ist es keine Frage. Ich habe mich nur gegen einen Regionalismus gewehrt, den man als den Versuch der Selbstdarstellung einer Region verstehen kann, und das wäre ein falscher. Der Begriff „Kritischer Regionalismus" bei Kenneth Frampton ist mir zu subjektivistisch. Wenn Aalto auf einem unerreichbar hohen Niveau die karelische Landschaft reflektiert, ist das ein einmaliges künstlerisches Ereignis und kein Regionalismus.

E. P. Sie haben geschrieben, also ich habe es so verstanden, das Regionalistische ist zum einen selbstreflektierend und zum anderen historisierend.

'craftsmen's guilds' in the baroque period (and possibly even earlier), for instance the 'Vorarlberger Baumeister' (builders of Vorarlberg), it comes as no surprise that the 'Vorarlberger Baukünstler' (architects of Vorarlberg) developed in co-operatives. The familiar precision of craftsmanship is underpinned by a grass-roots independence of the population that was due to the fact that there were never any serfs in the western Alps.

I.W. When I look at the peripheries of cities, I get a feeling of interchangeability or uniformity. I wonder whether the place or the reference to the place gets lost in such areas, or whether it has no meaning there.

F.A. I think part of our perception of places has always been the fact that we saw the place differently to how it really was. It is a strange phenomenon how places only change in our perception. Take the first district in Vienna, for example. I moved into the city centre in 1969. At that time, the first district was practically empty and on the verge of becoming a slum. There were flats with broken windows, and you knew that that flat was vacant. That has changed drastically in the last thirty years, and now everyone wants to move into the city, or at least so many that the first district cannot accommodate them all. This change took place in people's minds at first, and was followed by reality. The building fabric was always the same, more or less renovated or converted. Today the flats on offer are better, of course, the bars and restaurants, the culture, everything has changed, but the place has always been the same. The district was always just as beautiful or just as ugly.

E.P. When I read magazines and see that the place is playing less and less of a role in terms of assessing and describing architecture, it gets more and more boring for me to read them because every building, even if it is located in an interesting ensemble or re-forms a particular place in a very specific way, is only judged by its quality as a building.

F.A. You can only experience, look at, smell and hear a place. The only real purpose of a publication is that it tells you where something is and, if you are interested, helps you find it. It cannot replace architecture. Neither words nor pictures can.

The place (or the architecture), then, cannot be described or conveyed. When I give a lecture, I can only talk about slides I have taken myself, because then I can also tell people something they cannot see in the picture. Or, conversely: when I saw Gropius' Fagus works for the first time, I though, my God, they're so small. They were always presented in the monumental photos of the twenties. But in reality the building is tiny, a moulding factory and a fairly large joinery. And that's just it, for thirty years I would talk about this building in my lectures and always gave people the wrong impression.

E.P. Has the term 'critical regionalism' ever meant anything to you?

F.A. I think that all 'regionalistic' phenomena were international, whether it was a hotel in Normandy or on the Semmering. The tourism boom around 1880–1890 brought forth the same building prototypes in all countries, buildings that were then dressed up in the 'regional' style (with rustic ornaments). This phenomenon was repeated in a different way in post-modernism. 'Post-war functionalism', that was built to death, aroused the desire for stylistic dressings again. But the intelligent urban analyses of Aldo Rossi got stuck in aspects of motif, in 'quotations' (mostly misunderstood) – in the work of his imitators (and, ultimately, in his own). If you want to quote something, you have to learn to read first.

E.P. But isn't precisely this critical regionalism a possible answer or a possible way out? Post-modernism got stuck in motifs, and this critical regionalism then tried to say we are modern but I look very closely what resources and materials there are in a particular place.

F.A. If you look at it like that, it's not a question. I was only opposed to a kind of regionalism that you can see as an attempt at self-representation of a region, and that would be the wrong kind. Kenneth Frampton's term 'critical regionalism' is too subjectivistic for me. When Aalto reflects on the Karelian landscape at an unattainably high level, that is a unique artistic event and not regionalism.

E.P. You wrote – or at least that's how I understood it – that regionalism is both self-reflecting and historicising.

F.A. Yes, because you must not confuse regional building with regionalism. Regionalism is a child of historicism, that acts according to formal or stylistic criteria. And regionalism is not self-reflecting, i.e. it is in fact modern, contemporary, it uses everything available, but it is influenced by the conditions of the place or a region. Reacting to a region always leads to something new, to surprises.

I.W. We agreed that we cannot avoid the place.

F.A. I think that really has to do with the essence of building, the fact that building takes place in a particular place, and thus that the place is always an aspect, whether you deny it or not, whether you ignore it or

F. A. Ja, man darf eben regionales Bauen nicht mit Regionalismus verwechseln. Der Regionalismus ist ein Kind des Historismus, der nach formalen oder stilistischen Kriterien handelt. Und das Regionale ist eben nicht selbstreflektierend, das heißt, es ist eigentlich modern, es ist zeitgemäß, es benutzt alles, was vorhanden ist, wird aber gefärbt durch die Bedingungen des Ortes oder einer Region. Das Reagieren auf eine Region führt immer wieder zu Neuem, zu Überraschungen.

I. W. Wir haben uns darauf geeinigt, dass wir am Ort nicht vorbeikönnen.

F. A. Ich glaube, das hat wirklich mit der Substanz des Bauens zu tun, dass Bauen eben an einem Ort stattfindet, und damit ist der Ort immer ein Aspekt, ob man ihn leugnet oder nicht, ob man ihn ignoriert oder nicht, der Ort *ist*. Und das Bauen schafft auch Orte, erfindet neue oder prägt sie.

I. W. Kann er uns irgendwie abhanden kommen, jetzt denke ich wieder an Einkaufszentren am Stadtrand.

F. A. Es könnte so sein, dass durch bestimmte Strukturen der Ort ausgelöscht wird, weil sich Situationen permanent wiederholen, sodass ich nicht mehr weiß, wo ich bin. Das war ja auch die Kritik an der Gründerzeitbebauung, bevor man ihre Qualitäten wieder entdeckte.

Ich würde sagen, ein markanter Ort, ob jetzt von Natur aus oder von der Kultur oder von der Architektur geschaffen, hat eine größere Widerstandskraft gegen die Zeit. Darum gibt es auch dieses Phänomen der Silhouetten-Verteidigung in den Städten. Die Silhouette ist das Heiligtum. Dass sie sich dauernd ändert, will man gar nicht wahrnehmen, weil man z.B. heute in Wien noch den Canaletto-Blick vom Belvedere im Kopf hat, den es schon hundert Jahre nicht mehr gibt. Aber man argumentiert heute noch damit, dass ein Hochhaus nicht hineinpasst, weil das den gewohnten, aber nicht mehr vorhandenen Blick stört. Inzwischen stehen zehn Türme in dem Bild, das schon die Ringstraßenbebauung am Ende des 19. Jahrhunderts zerstört hat. Das heißt, die Bilder im Kopf sind stärker als die Wirklichkeit.

Ein anderes Phänomen ist die Harmonisierung. Wir nehmen die chaotische Wirklichkeit durch den Zeitfilter als Harmonie wahr. Wahrscheinlich eine psychische Überlebensstrategie. Also wehe, es baut jemand in das alte Chaos etwas Neues hinein. Ich glaube immer, das hat etwas mit der Existenzangst des Menschen zu tun: Jede Veränderung wird als Bedrohung empfunden.

I. W. Wenn man die Schnelligkeit der Wahrnehmung nimmt, auf die man trainiert wird, stellt sich die Frage, ob ein Ort nicht zu langweilig ist oder zu langsam, weil er sich nur in ganz langsamen Schritten verändert.

F. A. Wir sind ja etwas geschädigt durch die Informationsdichte der städtischen Umwelt. Ein Bauer kann auf seinem Bauernhof unglaublich viel wahrnehmen, obwohl es für uns, wenn wir vierzehn Tage dort sind, relativ fad ist. Ich denke, dass die Stadtwahrnehmung abhängig ist von der Interessenslage des Einzelnen, die Fülle ist zu groß, wir brauchen den selektiven Blick.

I. W. Rundum orten wir ein Interesse an konkreteren, sozusagen handfesteren Themen. Praktisch als Gegentrend zur globalen Diskussion artikuliert sich das Bedürfnis nach einem auch sinnlich begreifbaren „Boden-unter-die-Füße-Bekommen".

F. A. Es hängt vielleicht auch damit zusammen: Angeblich fangen jetzt die ganz jungen Leute wieder an zu zeichnen, nach der digitalen Welle muss gerade jemand, der baut, irgendwann die Sehnsucht haben, wieder einmal wo hineinzugraben, Dreck an den Fingern zu haben, etwas Konkretes zu machen.

Diese ortlose Architektur hat es schon einmal als Phantasie in den sechziger Jahren gegeben, Walking City, Megastrukturen, Plug-in-Gerüste und all dies. Eigentlich war das ortsvernichtend – eine späte Reaktion auf die „Blut-und-Boden-Ideologie"? Aber wer weiß, vielleicht könnten auch Orte auf Wanderschaft gehen? Die Architektur könnte dann immer noch stehen.

E. P. Sie sagen, der Ort der Architektur ist substanziell unbeweglich, das ist ein Faktum, damit müssen wir Architekten uns abfinden, auch wenn wir gelegentlich Gebäude fliegen lassen wollen. Aber ich kann nicht sagen, ich habe von einem Ort meine spezifische Wahrnehmung und jeder hat sowieso seine eigene. Ich denke schon, dass wir als bauende Architekten versuchen müssen, den Ort in seiner Vielfalt zu begreifen.

Interessant wäre die Überlegung, was wäre mit Paris, hätte Le Corbusier Paris gebaut, so wie er sich das vorgestellt hatte. Heute sagt man, Gott sei Dank hat er es nicht gebaut.

F. A. Ich glaube wirklich, dass letzten Endes das Gebaute immer Recht behält, selbst die größten Bausünden werden irgendwann einmal unter Denkmalschutz gestellt.

[1] Umgangssprachlich: sehr kleiner Gegenstand.

I.W.   not – the place *is*. And building also creates places, invents new ones or shapes them.

I.W.   Can we lose it, too – I'm thinking about shopping centres outside cities again.

F.A.   The place may be eradicated by certain structures because situations are constantly repeating themselves and you no longer know where you are. That was also the criticism of late-19th-century *Gründerzeit* architecture, before people came to rediscover its qualities.

I would say that a distinctive place – whether it is made by nature or culture or architecture – has a stronger resistance to time. That's why we also have this phenomenon of defending skylines in cities. The skyline is sacred. People don't want to see that it is constantly changing, because they still have the Canaletto view from the Belvedere in Vienna in their minds, a view that has not existed for a hundred years. But people still argue today that a tower block does not fit in because it disrupts the familiar – but no longer existant – view. There are now ten towers in the skyline that already destroyed the development of the *Ringstraße* at the end of the 19th century. That is to say, images in our minds are stronger than reality.

Another phenomenon is harmonization. We perceive the chaos of reality as harmony through the filter of time. Which is probably a psychological survival strategy. So woe betide anyone who builds something new in the old chaos. I always feel that this has to do with people's existential fear: all change is perceived as a threat.

I.W.   If you look at the speed of perception that we are trained in, the question arises whether a place is not too boring or too slow because it only changes in very slow steps.

F.A.   Of course, we are a bit marred by the density of information of the urban environment. A farmer can perceive an incredible amount of things on his farm, although we find it relatively boring after a fortnight. I think that urban perception hinges on the individual's particular interests; there is just too much abundance, and we need a selective view.

I.W.   All around we can see an interest in more concrete – tangible – subjects. The need for a 'ground beneath our feet' that we can perceive with our senses is being articulated as a kind of countertrend to the global discussion.

F.A.   It may have something to do with this: they say that very young people are starting to draw again, in the wake of the digital wave someone involved in building should feel the urge to dig in somewhere again, to get their hands dirty, to do something concrete.

This placeless architecture already existed once in the sixties, Walking City, megastructures, plug-in scaffolding and all those things. Really it destroyed places – a belated reaction to the 'blood and soil ideology', perhaps? But who knows, perhaps places can travel, too? The architecture could still be standing.

E.P.   You say that the place of architecture is substantially immobile, that is a fact, a fact that we, as architects, have to accept even if we would occasionally like to make buildings fly. But I cannot say that I have my own specific perception of a place, and everyone has their own anyway. I do think that as building architects we must try to comprehend the place in its variety.

It would be interesting to imagine what would have become of Paris if Le Corbusier had built it the way he envisaged it. Today we say, thank God he didn't build it.

F.A.   I really think that, in the end, what is actually built proves right, even the big building sins are listed as protected monuments one day.

NEXT TWO PAGES:
FRIEDRICH ACHLEITNER IN DIALOGUE
WITH IRMFRIED WINDBICHLER
AND ERICH PRÖDL

TRADITIONEN
TRADITIONS

ADAM CARUSO

GEBOREN 1962, ARCHITEKT, LEBT IN LONDON. SEIT 1990 BÜRO MIT PETER ST JOHN. LEHRTE ZEHN JAHRE AN DER UNIVERSITY OF NORTH LONDON, 1999–2001 GASTPROFESSOR AN DER ACADEMY OF ARCHITECTURE IN MENDRISIO IN DER SCHWEIZ. 2002–2004 PROFESSOR AM INSTITUT FÜR ARCHITEKTUR UND BAUWESEN AN DER UNIVERSITY OF BATH, WO ER ZURZEIT EINE GASTPROFESSUR INNEHAT.

BORN 1962, ARCHITECT, LIVES IN LONDON. SINCE 1990 PRACTICE WITH PETER ST JOHN. TAUGHT FOR TEN YEARS AT THE UNIVERSITY OF NORTH LONDON, 1999–2001 VISITING PROFESSOR AT THE ACADEMY OF ARCHITECTURE IN MENDRISIO, SWITZERLAND. 2002–2004 PROFESSOR OF ARCHITECTURE AT THE DEPARTMENT OF ARCHITECTURE AND CIVIL ENGINEERING AT THE UNIVERSITY OF BATH, WHERE HE IS CURRENTLY A VISITING PROFESSOR.

Wir befinden uns im letzten Jahrzehnt des Wirtschaftswachstums. Die globale Marktwirtschaft triumphiert ein letztes Mal. Es werden unglaublich viele Gebäude abgerissen und neu errichtet. Die schiere Menge und die globale Reichweite des Booms sind erschreckend. Wenn man ihn jedoch mit der Weltbevölkerung oder mit dem BNP in Beziehung setzt, dann unterscheidet er sich nicht wesentlich von anderen Zeiten mit starker Bautätigkeit oder umfangreichen Stadterweiterungsprojekten.

Die erste Industrialisierungswelle in England am Ende des 18. Jahrhunderts war zum Beispiel so eine Zeit. Schinkel notierte damals während einer Studienreise zu den neuen Bergwerken in den Midlands in seinem Tagebuch:

„Seit dem Krieg sind in Lancashire vierhundert Hütten gebaut worden. Man findet Gebäude an Orten, wo drei Jahre zuvor noch grüne Wiesen waren. Die Gebäude jedoch sind vom Ruß so geschwärzt, dass es scheint, als wären sie schon hundert Jahre in Betrieb. Riesige Gebäudemassen sind nur von Baumeistern ohne jegliche Berücksichtigung architektonischer Prinzipien gebaut worden. Reine Zweckbauten aus rotem Ziegel."[1]

Zu jener Zeit, in der die Bautätigkeit häufig ebenso brutal war wie die ungezügelte Marktwirtschaft, ließen sich die führenden Architekten der Aufklärung von der enormen Energie des wissenschaftlichen und wirtschaftlichen Fortschrittes anstecken. Gleichzeitig gingen von ihrem Werk neue Impulse für die Kultur des Klassizismus aus, der in ihren Augen die besten Eigenschaften europäischer Zivilisation verkörperte. Die Arbeiten von Architekten wie Adam, Schinkel und Semper waren sowohl wegen der Tiefe ihres Verständnisses der klassischen Formensprache als auch wegen ihres radikalen Umgangs mit dieser Sprache, mit der sie neue Techniken und Anwendungen umsetzten, bemerkenswert. Das Verzerren der Vergangenheit und die Hinzufügung zur Architektur verlieh dem Neoklassizismus Frische und Modernität. Nur durch die Unterstützung und Förderung eines kulturellen Diskurses gelang es der Architektur als Disziplin, ihre gesellschaftliche Bedeutung in einer zunehmend komplexen und heterogenen Zeit beizubehalten.

Umfangreiche Bauprogramme, Erweiterungen der großen europäischen und nordamerikanischen Städte und die Entwicklung neuer Typologien kennzeichneten auch die Volkswirtschaften der Großmächte am Ausgang des 19. Jahrhunderts. Während Kritiker wie Ruskin

The last decade or so of economic growth: the vindication or the last hurrah of the global market economy has seen the construction and demolition of an unprecedented number of buildings. The quantity and global reach of this latest boom is alarming, but perhaps if considered in relation to the world population or as a proportion of national GDPs, it is not so different from other periods of dramatic building production and urban expansion.

The first wave of industrialization at the end of the 18th century in England was such a time. While on a trip to study the new mill buildings in the Midlands and the North, Schinkel writes in his diary,

'Since the war there have been four hundred mills constructed in Lancashire. One sees buildings in places that were meadows three years ago. Yet the buildings are so smoke-stained they appear to have been used for a hundred years – colossal masses of building substance are being constructed by builders alone without any regard for architectural principles, solely for utilitarian ends and rendered in red brick'.[1]

At a time when construction often matched the brutalities of an unbridled market economy, the leading architects of the Enlightenment were inspired by the enormous energy of scientific and economic advances. At the same time their work was able to impart a renewed relevance to the culture of classicism that for them embodied the best qualities of European civilization. The work of architects like Adam, Schinkel and Semper was remarkable in both the depth of its knowledge of the classical language and in its radical handling of that language in order to accommodate new techniques and uses. It was in distorting and adding to the architecture of the past that neo-classicism was so fresh and contemporary. It was by sustaining and progressing a cultural discourse that architecture, as a discipline, could continue to be socially significant in an increasingly complex and heterogeneous time.

Vast building programmes, extensions to the major cities of Europe and North America and the development of new typologies also characterized the imperial economies at the end of the 19th century. While critics like Ruskin may have thought that only the reversal of this economic expansion could save civilized society, architects like Sullivan, Berlage and Wagner invented architectures that enabled them to engage with these new forces as well as to sustain a cultural role for architecture. The formal language of this time was broadened in response to the expanded territories of the Empire. Sullivan transforms the closely knit repeated patterns of

wohl der Meinung waren, dass nur die Umkehrung dieser wirtschaftlichen Expansion die zivilisierte Gesellschaft retten könnte, erfanden Architekten wie Sullivan, Berlage und Wagner eine Baukunst, die sie in die Lage versetzte, sich auf die neuen Kräfte einzulassen und gleichzeitig die kulturelle Rolle der Architektur zu bewahren. Die Formensprache dieser Zeit wurde als Antwort auf das erweiterte Empire ebenfalls breiter. Mithilfe der neuen Technologien, großformatiger Terrakottafassaden und Stahlrahmenkonstruktionen verändert Sullivan die eng gestrickten, sich wiederholenden Muster der maurischen Architektur. Die potenziell nüchterne Typologie der modernen Bürogebäude erhält ihre Bedeutung durch die zarte Schönheit ihrer Fassaden und eine sensible Behandlung des Volumens innerhalb der rasterartigen Strukturen der Stadtarchitektur des 19. Jahrhunderts. Berlage bedient sich für seine Amsterdamer Börse der Sprache des nordeuropäischen romanischen Stils, um dem in seiner Nutzung extrem modernen und in seiner Innenraumvielfalt großzügigen Gebäude eine bürgerliche Anmutung zu verleihen. Diese großartige Architektengeneration erfand eine zeitgenössische Architektur, die den politischen und wirtschaftlichen Mächten der damaligen Zeit diente und zugleich einen autonomen Architekturdiskurs entwickelte.

Vor nicht allzu langer Zeit nahm man noch an, dass Architekten Meister eines jeden Aspektes ihrer Disziplin wären, nämlich der Geschichte der architektonischen Form ebenso wie der Eigenschaft, gut und dauerhaft zu bauen. Die Entwicklung der Architektur als freier Beruf vereint die technischen Fähigkeiten des Baumeisters mit der Gelehrsamkeit der intellektuellen Klasse. Dieser gehobene Status, des Lateinischen Herr zu sein und feines Tuch zu tragen, wenn man es einmal verdient hatte, wurde eifersüchtig bewacht. Obwohl der angeberische bourgeoise Architekt, der verzweifelt danach strebte, seinem reichen Kunden gleich zu sein, nur allzu leicht der Belustigung zum Opfer fiel, gab es auch andere Kaliber wie Semper, Viollet und Muthesius, die große Energie darauf verwendeten, die Breite und Kapazität der Architektur so zu vergrößern, dass sie ihre künstlerische und gesellschaftliche Relevanz beibehalten konnte. Die Vorstellung vom Architekten als Wächter einer sich ständig weiterentwickelnden Disziplin setzt sich immer mehr durch. Sie wird in den Arbeiten von Lewerentz sichtbar, wo formale Brillanz und eine tiefe Bindung an die klassischen und vorklassischen Traditionen im Design eines Sessels oder einer Lampe sichtbar werden, oder in ganzen Materialzusammenstellungen, die von fließender Räumlichkeit durchdrungen sind.

Bei Loos ist diese Einsicht gleichermaßen kritisch und künstlich. Sein Raumplan ist direkt von seinem guten Gespür für gesellschaftliche Sitten ableitbar und garantiert ein perfektes Urteil bei der Auswahl eines Sessels, Teppichs oder einer Tapete.

Mit den Gemeinschaftsprojekten von Eero Saarinen und SOM in den Vereinigten Staaten der Nachkriegszeit und Arne Jacobsen in Europa gelang es, riesige Bauprogramme in der Ethik multinationaler Konzerne wie IBM oder General Motors zu verwirklichen, was durch die neue Technologie der vorgehängten Fassade und durch die sorgfältig gestalteten tiefen Innenräume mit speziell entwickelten Büromöbeln widergespiegelt wird.

Heute stößt die Vorstellung von der Bildung, vom Architekten als Kunstkenner, auf Ablehnung. Es ist schon eigenartig, dass in einer Welt zunehmender Spezialisierung, in der Künstler und Wissenschaftler ihrer Disziplin neue dynamische Aspekte abgewinnen, die Architekten dem Bild des Managementberaters gefolgt sind, dem ultimativen Beispiel eines inhaltslosen Allrounders. Statt sich den heutigen technischen und künstlerischen Herausforderungen innerhalb der Architektur zu stellen, hat eine Mainstreamarchitektur den Markt erobert, bei der es in erster Linie um die Wiedererkennung der Marke geht. Die Strategien der Kybernetik, Phylogenetik, Parametrik und des Mappings – alle suchen nach vollkommen originären Entwicklungen, ungewöhnlichen Formen für Grundriss oder Schnitt, manchmal für beide. Die gewagten Profile können Firmenlogos erweitern oder sogar gänzlich ersetzen. Ohne die Komplexheit und Mehrdeutigkeiten, die der traditionellen architektonischen Form anhaften, verlieren die Formen sehr schnell ihren neuen Glanz und geraten in einen Zustand, der nicht mehr neu, aber auch noch nicht alt oder normal genug ist, um zu einem Teil des urbanen Hintergrundes zu werden. Die Unfähigkeit zu altern klingt verdächtig nach kosmetischer Chirurgie. Nie zuvor war die Architekturproduktion so global und stachelten sich die Global Players so sehr auf: Wer baut das größte, das exotischste Gebäude? Und wer wird Stopp sagen?

Nie zuvor wurde so viel mit so wenig Ideenreichtum gebaut.

Schon immer hatte unsere Arbeit einen Bezug zu Dingen, die wir zuvor gesehen hatten. Uns interessiert die emotionale Wirkung, die Gebäude auslösen können. Wir untersuchen, wie Gebäude in der Vergangenheit gebaut wurden und wie neue Bauten eine äquivalente formale und materielle Präsenz erzielen können. Der Zustand des Laisser-faire in der zeitgenössischen Architektur ist verwirrend.

Moorish architecture via the new technologies of large-scale terracotta cladding and steel-framed construction. The potentially arid new typology of the modern office building is made significant through the delicate beauty of its façades and the sensitive consideration of its volume within the gridded structure of the 19th century city. In his Amsterdam Stock Exchange, Berlage uses the language of Northern European Romanesque to give civic qualities to a building that is both extremely modern in its use and in the wide spatial diversity of its interiors. This great generation of architects invented a contemporary architecture that served the political and economic powers of the day as well as developing the autonomous discourse of architecture.

Not so long ago, it was assumed that architects were the masters of every aspect of their discipline, of the history of architectural form as well as the ability to build well and for the long term. The evolution of architecture as a liberal profession combined the technical capacity of the master builder with the erudition of the intellectual class. This elevated status, of speaking Latin and wearing fine clothing, once won, was jealously guarded. Although the pompous, bourgeois architect desperate to be an equal with his richer clients was an easy target of ridicule, there were always others like Semper, Viollet and Muthesius who applied enormous energy to expanding the breadth and the capacity of architecture so that it could continue to have an artistic and social relevance. This idea of the architect as the custodian of an ever developing discipline has wide manifestations. It is evident in the work of Lewerentz, where a formal brilliance and a deep engagement with the classical and pre-classical traditions is brought to bear on the design of a chair and a light, as well as to whole material assemblies that are infused with a moving spatial character.

In Loos, this intelligence is in equal measure critical and synthetic. His acute sensitivity to social mores underpins the spatial propriety of the raumplan, and directs a perfect judgement in the selection of a chair, a rug or a wall covering.

The corporate projects of Eero Saarinen and SOM in the post war United States, and Arne Jacobsen in Europe were able to infuse enormous building programmes with the ethic of multinationals like IBM and General Motors, so that these were manifest in the new technology of curtain walling and equally in the meticulously designed deep-plan interiors, furnished with specially developed office furniture.

Today, the idea of erudition, of the architect as connoisseur has been rejected. It is curious that in a world of increasing specialization, where artists and scientists are making dynamic new work from within their disciplines, architects have followed the lead of the management consultant, the ultimate example of the empty generalist. Rather than rise to the technical and artistic challenges of today, within the discipline of architecture, mainstream practice has embraced the rhetoric of the market to make work that is infused with brand recognition. Strategies of cybernetics, phylogenics, parametrics, mapping – each strive to generate completely original forms, unusual shapes, in plan, in section, sometimes both. These bold profiles can amplify or even replace corporate logos. Lacking the complexities and ambiguities that are held within the tradition of architectural form, these shapes quickly lose their shiny novelty and achieve a condition of not new, but also not old or ordinary enough to become a part of the urban background. This inability to grow old is all too resonant with an era of rebranding and cosmetic surgery. Architecture is now practiced at an unprecedented global scale, and the major players seem to be egging each other on. Who will produce the largest, and most formally outlandish project? Who will finally say stop?

Never has so much construction been based on so few ideas.

Our practice has always made work that is related to things that we have seen before. We are interested in the emotional effect that buildings can have. We are interested in how buildings have been built in the past and how new constructions can achieve an equivalent formal and material presence. We are confused by the laisser faire state of contemporary architecture.

In this environment of excess we have found ourselves attracted to the more intimate artistic ambitions of past architectural traditions. We feel more comfortable than we once did to follow these traditions quite closely.

Anything that can contribute to the fragile continuities between the contemporary situation and past architectures is worth the effort. It is only by understanding and reflecting on the past that architecture can continue to be a relevant social and artistic discipline.

'History has never copied earlier history and if it ever had done so that would not matter in history; in a certain sense history would come to a halt with that act. The only act that qualifies as historical is that which in some way introduces something additional, a new element, into the world, from which a new story can be generated and the thread taken up anew.'[2]

[1] Karl Friedrich Schinkel, Die Reise nach Frankreich und England 1826 (Schinkel-Lebenswerk), Reinhard Wegner (editor and reviser), Deutscher Kunstverlag, München 1990.
[2] K. F. Schinkel, Das architektonische Lehrbuch.

In diesem Umfeld der Übertreibung ziehen uns die vertrauten künstlerischen Ambitionen vergangener Architekturüberlieferungen an, es beruhigt uns jetzt, diesen Traditionen zu folgen.

Alles, was wir zur Unterstützung der zerbrechlichen Kontinuität zwischen zeitgenössischer Situation und vergangener Architektur beitragen, ist der Mühe wert. Nur wenn wir die Vergangenheit verstehen und reflektieren, wird die Architektur weiterhin eine wichtige gesellschaftliche und künstlerische Rolle spielen.

„Die Geschichte hat die frühere Geschichte nie kopiert, und wenn das jemals der Fall gewesen wäre, hätte es für die Geschichte keinerlei Bedeutung. In gewissem Sinne würde die Geschichte damit zum Stillstand kommen. Der einzige Akt, den man als historisch bezeichnen könnte, ist jener, der in einer gewissen Hinsicht etwas Zusätzliches für die Welt bringt. Ein zusätzliches, neues Element, aus dem eine neue Geschichte entstehen, der Faden neu aufgenommen werden kann."[2]

[1] Karl Friedrich Schinkel, Die Reise nach Frankreich und England 1826 (Schinkel-Lebenswerk), bearbeitet von Reinhard Wegner, Deutscher Kunstverlag, München 1990.
[2] Karl Friedrich Schinkel, Das architektonische Lehrbuch.

BELOW:
ADAM CARUSO, STORTORGET, KALMAR, SWEDEN: VIEW OVER THE SQUARE FROM THE TOWN HALL ROOF

RIGHT:
ADAM CARUSO, BRICK HOUSE, LONDON

NOCH EINE BRITISCHE ARCHITEKTUR
ANOTHER BRITISH ARCHITECTURE

ELLIS WOODMAN

GEBOREN 1972, ARCHITEKT UND ARCHITEKTURKRITIKER, LEBT IN LONDON. LEHRT AN DER BATH UNIVERSITY UND DER UNIVERSITY OF EAST LONDON. AUTOR IN FACHZEITSCHRIFTEN WIE „DE ARCHITECT" UND „ARCHITECTURE TODAY". HERAUSGEBER (RESSORT „BAUTEN") BEI „BUILDING DESIGN".

BORN 1972, ARCHITECT AND ARCHITECTURE CRITIC, LIVES IN LONDON. TEACHES AT BATH UNIVERSITY AND UNIVERSITY OF EAST LONDON. AUTHOR OF JOURNALS INCLUDING 'DE ARCHITECT' AND 'ARCHITECTURE TODAY'. BUILDINGS EDITOR OF 'BUILDING DESIGN'.

Bei der Biennale von Venedig 2004 hat der Kurator des britischen Pavillons, Peter Cook, eine riesige Fotografie am Eingang zum Pavillon montiert. In einem Maßstab von nahezu 1:1 zeigt sie jene Architekten, deren Arbeiten er für die Ausstellung „9 Positions" zusammengetragen hat. Alle Teilnehmer nehmen eine beherzte Pose ein. John Pawson schaut meditativ drein, Jan Kaplicky von Future Systems bläst Trübsal und CJ Lim klettert wie Spiderman durch den konzeptuellen Äther.

Das Bild sagt uns einiges über die Ausstellung im Inneren. Cook hat für seine venezianische Party in guter Warhol'scher Manier eine Gästeliste ausgesprochen unterschiedlicher Typen zusammengestellt. „9 Positions" ist somit eine Aufforderung, die Vielfalt der britischen Architektur nicht nur als wichtiges Merkmal, sondern als beständige Kraft zu sehen. Anders als andere Pavillons will der zur Schau gestellte britische Pluralismus gar nicht das Bild einer geschlossenen nationalen Identität vermitteln. Die Ausstellung schneidet vielmehr zwei wichtige Fragen an: Wie kam es dazu, dass es im Vereinigten Königreich eine so ungewöhnliche Vielfalt an Richtungen gibt? Und, was noch wichtiger ist: Soll man dieses Phänomen positiv beurteilen?

Ein Blick auf die Biografien der Architekten der britischen Ausstellung gibt Aufschluss: Großbritannien, London vor allem (wo sich acht der neun Büros befinden), hat auf alle Fälle die multikulturellste Gesellschaft Europas. Adam Caruso, Ron Arad, CJ Lim und Jan Kaplicky wurden alle außerhalb des Vereinigten Königreichs geboren. Bei einigen, vor allem bei dem tschechischen Immigranten Kaplicky, hat die mitgebrachte Kultur noch immer Einfluß auf ihre Arbeit. Wir könnten auch spekulieren, dass diese eingewanderten Briten im Gefühl, Außenseiter zu sein, die kreative Orthodoxie gering schätzten. Überhaupt wird die Geschichte der britischen Moderne von Architekten bestimmt, die sich im Vereinigten Königreich niedergelassen haben: Lubetkin, Goldfinger und Rogers, Hadid etc. Jene Aussteller hinwiederum, die in Großbritannien geboren wurden, wurden von ihren Auslandsaufenthalten wesentlich beeinflusst: Die Arbeiten von John Pawson und Kathryn Findlay beispielsweise reflektieren ganz stark beider Erfahrungen in Japan.

Ein zweiter Faktor, der zur gegenwärtigen Atomisierung beiträgt, ist auf den Wandel der wichtigsten britischen Architekturschule, der *Architectural Association*, zurückzuführen, den Alvin Boyarsky einleitete, als er im Jahr 1971 deren Präsident wurde. In einer Gegen-

At the Venice Biennale of 2004, the curator of the British Pavilion, Peter Cook, has mounted a vast photograph at the pavilion's entrance. Reproduced at almost 1:1, the image introduces us to the architects whose work he has brought together for the exhibition '9 Positions'. The participants each gamely strike a pose. John Pawson looks suitably meditative, Jan Kaplicky of Future Systems mopes while CJ Lim Spidermans his way through the conceptual ether.

The image tells us a lot about the exhibition housed inside. In Warholesque fashion, Cook has drawn up a guest list of markedly different types for his Venice party. '9 Positions' asks us to see the breadth of the British architectural scene as not just its defining characteristic but as its abiding strength. The pluralism on show in the British Pavilion stands in telling contrast to many of the other pavilions' attempts at projecting a cohesive national identity. The show suggests two pressing questions. Why has the UK come to support such an uncommonly broad range of tendencies? And perhaps more importantly: is it a welcome phenomenon?

A look at the biographies of the architects in the British show offers some answer to that first question. Britain, particularly London (in which eight of the nine practices are based) can fairly claim to be as multicultural a society as any in Europe. Adam Caruso, Ron Arad, CJ Lim and Jan Kaplicky were all born outside the UK. For some – Czech émigré Kaplicky most evidently – the cultural inheritance of their upbringing continues to inform their work. We might also speculate that for these immigrant Britons, some sense of being an outsider has afforded them a rare disregard for creative orthodoxy. Certainly, from Lubetkin and Goldfinger to Rogers and Hadid the history of British modernism is dominated by the contributions of architects who have settled in the UK. Even for a number of the exhibitors who were born in Britain, periods spent working abroad have fundamentally marked their approach as architects. Both John Pawson's and Kathryn Findlay's work, for example, strongly reflects their experiences in Japan.

A second contributing factor to the current atomization has to be the transformation instituted at Britain's pre-eminent school of architecture, the *Architectural Association,* when Alvin Boyarsky took over as chairman in 1971. In opposition to the technocratic tenor of the architectural debate of the time, Boyarsky reinvented the AA as a laboratory of often alarmingly boundless creative exploration. One of the architects

reaktion auf den technokratischen Tenor der Architekturdiskussion dieser Zeit erfand Boyarsky die AA neu. Sie wurde zu einem Labor für bisweilen alarmierend grenzenlos kreative Forschungen. Einer der Architekten in „9 Positions", Ian Ritchie, war in den siebziger Jahren Tutor an der Schule. Auch er ist der Meinung, dass dieser Zeitraum wichtige Veränderungen mit sich brachte:

„Es war eine Zeit, in der die sterile Ebene des Architekturdenkens durch eine andere Ebene ersetzt wurde, auf der die Komplexitäten wesentlich schwerer zu fassen sind," sagt er. „Die Theorie wird komplizierter. Leute wie Nigel Coates, die zwanzig Jahre damit verbracht hatten, die Stadt experimentell und nicht abstrakt zu verstehen, kamen damals aus der AA".

Eine von Boyarskys bedeutendsten Innovationen war die Einführung eines Systems aus *Units*. Rückblickend kann man erkennen, dass die Marktorientiertheit dieser Struktur Tutoren dazu ermunterte, in zunehmendem Maß polarisierte Positionen einzunehmen. Peter St John, der damals zusammen mit einigen Ausstellern an der AA studierte, bald nachdem das System eingeführt worden war, sagt dazu: „Damals wurde es als große Neuerung betrachtet, die die daniederliegende architektonische Kultur wieder beleben könnte. Das Ergebnis sehen Sie, wenn Sie sich im britischen Pavillon umsehen. Die Räume sind eigentlich unterschiedliche *Units*."

Boyarskys AA hatte großen Einfluss auf die gesamte Architekturlehre in Großbritannien. Das *Unit*-System wurde zur Norm. Entscheidend ist auch, dass zahlreiche Absolventen der Schule der letzten dreißig Jahre dazu übergingen, ihre jungen Büros über Lehrtätigkeiten zu finanzieren. Peter Cook schreibt in seinem Essay im Katalog: „Fachhochschulen, von denen man das nie vermutet hätte, nahmen plötzlich junge Lehrer auf, die Worte wie ,narrativ', ,Baugruppen', ,Nicht-Bau' und ,Radikalität' (in Bezug auf die Form, und nicht nur auf die Politik) in den Mund nahmen."

Es ist sicherlich kein Zufall, dass die Art der Lehre, für die Boyarsky eintrat, im Vereinigten Königreich der späten siebziger Jahre auf so starken Zuspruch stieß. Das Jahrzehnt war geprägt durch ein eskalierendes Misstrauen gegenüber dem zentralistischen Denken, das das Programm des Wiederaufbaus der Nachkriegszeit geprägt hatte. Die Folgen dieser Verschiebung können anhand so verschiedener Phänomene wie des Auftauchens der Punks oder der Wahl der Thatcherregierung nachvollzogen werden. Für fortschrittliche britische Architekten bedeutete das, dass ihre Chancen, etwas zu bauen, drastisch sanken. Boyarskys Schule der „Papierarchitekten" ist als Reaktion auf diese veränderte Situation zu verstehen. Konfrontiert mit der zunehmenden Marginalisierung der Berufsgruppe, zog sich die AA auf die kreative Seite zurück, was zu einer brutalen Spaltung zwischen Theorie und Praxis führte.

Trotz der zunehmenden öffentlichen Akzeptanz der zeitgenössischen Architektur im Vereinigten Königreich sind die Möglichkeiten für ehrgeizige Büros schlecht, verglichen mit jenen der Zeitgenossen in weiten Teilen des Kontinents. Ein britischer Besucher des Pavillons, der sich dieses Unterschieds sehr bewusst ist, ist David Chipperfield. Trotz zwei Jahrzehnten Praxis hat Chipperfield in Großbritannien nur sehr wenig gebaut, auf dem Kontinent dagegen viel. Er glaubt, dass zwischen den begrenzten Möglichkeiten im Vereinigten Königreich und der gegenwärtigen Vielfalt der britischen Szene eine direkte Verbindung besteht: „Architektur ist im Vereinigten Königreich zu einem ausschließlich marktgesteuerten Prozess geworden, und ein Problem, das sich daraus ergibt, ist, dass man eine (einzigartige) Idee haben muss. Ich wäre glücklicher, wenn es Gruppen gäbe, die sich selbst als Teil einer Sache sehen würden. Es ist bedauerlich, dass es in England nicht viele Denkschulen gab. Die Haltung ,Erlaubt ist, was gefällt' hat bestimmte Grenzen."

Er hat sicher Recht. Während der vergangenen dreißig Jahre haben sich zahlreiche andere nationale Architekturszenen durch die Krise durchgearbeitet, in die der Architektenberuf in den siebziger Jahren geraten war: Spanien und Portugal, Holland und die Schweiz. In all diesen Ländern hat man sich eine besondere Position erarbeitet, die in der Kultur eines ernsthaften kritischen Diskurses gründet. In Großbritannien gibt es eine Menge Architekturzeitschriften, die jahrzehntelang keine einzige negative Besprechung veröffentlicht haben, eine Architekturstiftung, die meint, ihre Hauptaufgabe bestehe darin, im modischen Londoner Clerkenwell Parties zu geben, und einen Präsidenten des *Royal Institute of British Architects*, dessen Ansichten über Architektur vollkommen mysteriös sind. Die Trennlinie zwischen Pluralismus und Relativismus hat sich in der Architekturszene im Vereinigten Königreich mehr und mehr verwischt.

Es gibt jedoch Zeichen der Hoffnung. Im Laufe des letzten Jahrzehnts hat sich eine Gruppe britischer Architekten etabliert, deren Arbeit anerkannten Maßstäben entspricht. Die Mitglieder dieser losen Gemeinschaft – deren wohl bekannteste Namen zum Beispiel Caruso St John (in Venedig mit dabei), Tony Fretton, Florian Beigel und Sergison Bates sind – haben Architektur gelehrt und darüber geschrieben und sich mit dem Thema im Maßstab sowohl des Wohnungsbaus als auch des Städtebaus auseinander gesetzt. Während solche Aktivitäten auf dem europäischen Festland

showing in '9 Positions', Ian Ritchie, was a tutor at the school in the seventies. He agrees that the period represented a crucial shift.

'It was a time when a sterile level of architectural thinking was replaced by one where the complexities are more difficult to grasp,' he says. Theory is no longer simplistic. People like Nigel Coates emerged from the AA at that time who have spent twenty years trying to understand the city at an experiential level rather than as an abstraction.'

One of Boyarsky's most significant innovations was his introduction of a *unit*-based system. In retrospect it is possible to see how the market-based nature of that structure encouraged tutors to adopt increasingly polarized positions. Peter St John, along with a number of the exhibitors, studied at the AA soon after the system had been introduced. 'At the time it was seen as an extraordinary innovation that could revive what was considered a moribund architectural culture,' he says. 'Looking round the British Pavilion one can see the result. The rooms feel like different *units*.'

Boyarsky's AA went on to have a huge influence on the whole scope of British architectural education. The *unit* system became the norm. Crucially, many of the students who graduated from the school over the past thirty years went on to subsidize their nascent practices through teaching. As Peter Cook puts it in his catalogue essay: 'The most unlikely polytechnics found themselves accepting young teachers who talked about 'narrative', 'devices', 'non-building' and 'radicalism' (with regard to form, not just politics).'

It is surely no coincidence that the kind of education advocated by Boyarsky found such favour in the UK of the seventies. The decade was marked by an escalating suspicion of the centralist thinking that had underpinned the programme of post-war reconstruction. The consequences of that shift were traceable in phenomena as various as the emergence of punk and the election of the Thatcher administration. For progressive British architects, it meant the opportunities to build were radically diminished. Boyarsky's school of 'paper architects' was very much a reaction to that shift. Faced with the profession's increasing marginalization the AA retreated to the creative high ground, instituting a brutal divorce between theory and practice.

Despite the increasing public acceptance of contemporary architecture in the UK, the opportunities available to ambitious practices remain meagre when compared with their contemporaries on much of the continent. One British visitor to the pavilion who is well aware of that distinction is David Chipperfield. After two decades of private practice Chipperfield can look back on precious little work built in Britain but a considerable portfolio of buildings in mainland Europe. He sees a direct link between the restricted opportunities that are available in the UK and the current diversity of the national scene: 'Architecture in the UK has become a very market-led process and one of the problems of that is you have to have a (unique) idea. I would be much happier if there were groups that identify themselves as part of something. It is a shame that in England there haven't been many schools of thought. This anything goes attitude has certain limitations.'

He's surely right. Over the past thirty years many other national architectural scenes have worked their way through the crisis of confidence that beset the profession in the seventies. Spain and Portugal, the Netherlands and Switzerland – each have developed a distinctive position grounded in a culture of serious critical debate. In Britain we have a slew of architecture magazines that haven't published a negative review in decades, an Architecture Foundation that thinks its principal role is hosting parties in London's fashionable Clerkenwell and a *Royal Institute of British Architects* president whose views on architecture are a complete mystery. In the UK architecture scene the line between pluralism and relativism has become a distinctly fuzzy one.

However, there are signs of hope. Over the past decade a group of British architects have emerged whose work strives to establish a commonly held agenda. The members of this loose affiliation – among whom the most significant players are perhaps Caruso St John (who is represented at Venice), Tony Fretton, Florian Beigel and Sergison Bates – have taught and written about architecture and engaged with the subject at both the domestic and urban scale. While, in mainland Europe, such a range of activities may hardly warrant comment, in Britain one has to look back to figures like Alison and Peter Smithson to find architects engaged in such a broad scope of enquiry. To date their opportunities have been limited – even the most significant projects are largely refurbishments or extensions of existing structures – but a new and common sensibility is clearly detectable.

The work of these practices is grounded in keen observation of the nature of the contemporary city. In this, they have been guided by the work of practitioners from mainland Europe, notably Alvaro Siza and a number of the architects to emerge from Switzerland over the past twenty years. Their interest is in a city that is particular, culturally alive, complex and contradictory. In practice they have sought to understand and defend those qualities, making work that is at once normative while offering a validation of the 'as found'.

selbstverständlich sind, muss man in Großbritannien auf Menschen wie Alison und Peter Smithson zurückgehen, um Architekten zu finden, die sich auf so breiter Ebene engagieren. Bis zum heutigen Tage sind ihre Möglichkeiten begrenzt, sogar die wichtigsten Projekte sind größtenteils Um- oder Zubauten. Eine neue und allgemeine Sensibilität ist jedoch deutlich erkennbar.

Die Arbeiten dieser Büros sind in der aufmerksamen Beobachtung der Beschaffenheit der modernen Stadt begründet. Hierin wurden sie von der Arbeit von Architekten des europäischen Festlandes, allen voran Alvaro Sizas und einer Reihe weiterer Architekten, die die Schweiz während der letzten zwanzig Jahren hervorgebracht hatte, inspiriert. Ihr Interesse gilt Städten, die besonders, kulturell lebendig, komplex und widersprüchlich zugleich sind. In der Praxis haben sie versucht, diese Eigenschaften zu verstehen und zu verteidigen, indem sie Arbeiten herstellten, die Maßstäbe setzen, aber auch auf der Wertschätzung des Vorgefundenen begründet sind.

Als in den frühen neunziger Jahren eine Generation britischer Künstler auftauchte, deren Themen das Alltägliche waren, orientierten sich die Architekten auch daran. Zahlreiche Arbeiten der neuen Generation britischer Architekten entstammen diesem kulturellen Milieu. Ihre Mappen sind prall gefüllt mit Galerien, Ausstellungsgestaltungen, Häusern für Künstler, von denen viele im Londoner Eastend stehen, das aufgewertet wurde, und wo diese Architekten auch ihre Büros haben. Diese gegenseitige Befruchtung hat sicher auch Auswirkungen auf die Art und Weise, wie sie das Problem des „Grundstückes" behandeln. Man könnte ihren Ansatz mit jenem eines Künstlers vergleichen, der seine Arbeit für eine bestimmte Umgebung plant. Das Ergebnis ist eine Architektur, die eine Verbindung mit ihrem urbanen und kulturellen Umfeld eingeht.

Heute steht die britische Architektur am Scheideweg. Das Engagement für eine wild wuchernde formale Vielfalt, wie in Venedig sichtbar, ist echt: Im letzten Jahrzehnt hat diese Philosophie wichtige Änderungen in der Planungspolitik bewirkt. Keiner, keine will mehr Einzelautor für Bauten im Maßstab wie in der Nachkriegszeit sein (und lehnt deshalb erst recht die damit zusammenhängenden Mechanismen ab). Dem weine ich keine Träne nach. Das gegenwärtige Glaubensbekenntnis, der unkritische Pluralismus, ist jedoch für die Schaffung von Umgebungen, die als Echtorte überzeugen sollen und dabei kollektiv geplant sind, ganz und gar nicht geeignet. Die neue Generation bildet hier eine deutliche Gegenposition. Es ist mehr als fraglich, ob ihr Standpunkt breite und politische Akzeptanz findet.

The emergence in the early nineties of a generation of British artists whose work is grounded in an interest in the everyday also proved a significant guide. Much of the work that has been undertaken by this new generation of British architects derives from that cultural milieu. Their portfolios are heavy with galleries, exhibition design, houses for artists – many of them in the recently gentrified east-end of London where they too have their offices. This cross-fertilization has certainly had an impact on the way they have addressed the question of 'site'. Their approach might be compared to that of the artist who installs their work in relation to a particular environment. This is an architecture that seeks an engagement with its urban and cultural situation.

Today, British architecture stands at a crossroads. The commitment to rampant formal diversity evidenced at Venice is no mere salon preoccupation: over the past decade that philosophy has informed significant changes to planning policy. The will (let alone the mechanism) to create single-authored schemes on the scale of those undertaken in the post-war era is no longer there. It's not a loss that I greatly mourn. Yet the current credo of uncritical pluralism is surely woefully inadequate to the task of creating environments that, while collectively conceived, persuade as real places. This emerging generation are eloquently fashioning a counter-position. Whether that standpoint will find popular and political acceptance remains far from certain.

TONY FRETTON ARCHITECTS, GRONINGEN APARTMENTS

ABOVE:
SERGISON BATES ARCHITECTS,
STUDIO HOUSE IN BETHNAL GREEN

LEFT:
SERGISON BATES ARCHITECTS,
URBAN MIXED USE DEVELOPMENT
IN WANDSWORTH

RIGHT:
TONY FRETTON ARCHITECTS,
LISSON GALLERY, BELL STREET, LONDON

ORT MEANS PLACE, SITE, LOCATION AND MORE

CHILE, MATERIE OHNE ERINNERUNG: EIN PERSÖNLICHER EINDRUCK
CHILE, MATTER WITHOUT MEMORY: A PERSONAL VIEW

RODRIGO PEREZ DE ARCE

GEBOREN 1948, ARCHITEKT UND ARCHITEKTURTHEORETIKER, LEBT IN SANTIAGO DE CHILE. LEHRT SEIT 1978, ZUERST AN DER ARCHITECTURAL ASSOCIATION DIPLOMA SCHOOL IN LONDON UND AN DER SCHOOL OF ARCHITECTURE DER BATH UNIVERSITY IN SOMERSET, ZURZEIT AN DER CATHOLIC UNIVERSITY SCHOOL, SANTIAGO DE CHILE. ZAHLREICHE PUBLIKATIONEN, Z.B. „THE SCHOOL OF VALPARAÍSO AND THE OPEN CITY", BIRKHÄUSER VERLAG 2004 UND ARTIKEL IN „AA FILES", „LOTUS", „A+U", „ARQ" ETC.

BORN 1948, ARCHITECT AND ARCHITECTURE THEORIST, LIVES IN SANTIAGO DE CHILE. TEACHING SINCE 1978; AT FIRST AT ARCHITECTURAL ASSOCIATION DIPLOMA SCHOOL IN LONDON AND FURTHERMORE AT THE SCHOOL OF ARCHITECTURE OF BATH UNIVERSITY IN SOMERSET, CURRENTLY AT CATHOLIC UNIVERSITY SCHOOL IN SANTIAGO DE CHILE. NUMEROUS PUBLICATIONS, E.G. 'THE SCHOOL OF VALPARAÍSO AND THE OPEN CITY', BIRKHÄUSER EDITIONS 2004 AND IN MAGAZINES SUCH AS 'AA FILES', 'LOTUS', 'A+U', 'ARQ' ETC.

→

Obwohl es in Chile eine lebhafte Architekturszene gibt, sind Top-Projekte noch immer relativ gering an der Zahl und werden nur selten durchgeführt.

Die neue chilenische Architektur kann sich weder auf Erinnerung noch auf Tradition berufen. Es gibt weder lokale Gebäude von überragender historischer Bedeutung noch hervorstechende urbane Bezirke.

Das bedeutet, dass architektonische Praxis in Chile gewissen Bedingungen unterliegt. Um der Klarheit willen sollten wir diese begrenzte und auch subjektive Sichtweise für den Moment akzeptieren, weil ich glaube, dass sie wichtige Anhaltspunkte für ein Verständnis unserer örtlichen Gegebenheiten liefern kann.

Manche dieser Merkmale haben wir mit unseren Nachbarn gemeinsam. Der argentinische Schriftsteller Martinez Estrada erzählt uns Folgendes:

„Wir sind weder ein neues Volk noch eine neue Landschaft noch ein letzter Versuch … unsere südlichen Vorfahren lebten in extrem alten Gemeinschaften, keine der Einwohner der Prärien hinterließen Spuren oder Reste von dauerhaften Kulturen …"

Es gibt riesige unbewohnte Territorien:

„Diese amerikanischen Republiken, ganz egal wie groß sie sind, sind auf einem Territorium gestrandet, das sehr viel größer ist, als sie im Rahmen ihrer Kultur, ihres Reichtums, ihrer Produktionsleistung und ihrer Bevölkerungszahl bewältigen können: ihnen steht dieser Planet im Überfluss zur Verfügung …"[1]

Auch wenn man hier die dichterische Freiheit berücksichtigt, ist es jedenfalls zutreffend, dass Architekten bei uns ohne den Rückhalt starker architektonischer oder urbaner Traditionen oder auch kanonischer Projekte auskommen müssen.[2]

Welche Folgen hat diese Situation? Zunächst geht es um den Erwerb von Wissen. Frei von der Bürde der Geschichte, versuchen manche Architekten, aus Situationen zu lernen, die eigentlich gar nicht beachtlich sind. Ein Vorteil ist, dass das Normale im Überfluss vorhanden ist. Natürlich deckt sich diese Strategie mit gewissen modernen Tendenzen: die Würdigung des *realen Lebens*, der dem Zufall zugeschriebene Wert, der Status des *objet trouvé*, die Doktrin und Ästhetik des *so Gefundenen*.

An diesem Punkt treffen die Arbeiten einiger der interessantesten chilenischen Architekten aufeinander.

Dieses Argument betont konkrete Strategien, die in einer bestimmten Situation fruchtbar und angemessen scheinen, weil sie auf kreative Weise auf die Bedingungen und das Umfeld des Projektes eingehen.

→

I believe there is a lively production of architecture in Chile but I hasten to add that the best projects are still few and far between.

However, new Chilean architecture is neither nurtured by memory nor by tradition. There are neither local buildings of outstanding historical significance nor outstanding urban districts.

These circumstances seem to qualify certain conditions for practice in Chile. For the sake of clarity let us accept this limited and somewhat subjective view which I believe may supply some valid clues for the understanding of our local conditions.

We share some of these traits with our neighbours: the Argentinean writer Martinez Estrada tells us that:

'We are neither a new people nor a new landscape or a last essay … our southern people were extremely old communities, neither inhabitants of the plains who left neither traces nor residue of perdurable cultures …'

There are vast unoccupied territories:

'These American republics – whatever their size – are shipwrecked within a territory much greater than they could have, given their state of culture, richness, production and population: there is a surplus of planet …'[1]

Even discounting literary licence, it can be sustained that the local designer acts without the backing of strong architectonic or urban traditions, and furthermore, without the stimulus of canonical projects.[2]

What are the consequences of such a situation? Firstly, the acquisition of knowledge. Freed from the burdens of history, some designers search for lessons from unremarkable situations. An advantage is that the supply of the ordinary is plentiful. Of course this strategy coincides with certain modern tendencies: an appraisal to *real life*, the value assigned to chance and the accident, the status of the *objet trouvé*, the doctrine and aesthetic of the *as found*.

The work of some of the most interesting Chilean architects may be said to converge at this point.

This argument simply highlights certain strategies which seem to be fruitful and appropriate to a given situation, creatively responding to the circumstances of the project. I would like to present it through a series of related topics which together may account for some conditions for current architectural practice.

Landscape

It has been said that the Argentinean rural *gaucho* managed but two terms in his description of the vegeta-

Ich möchte dies in Form einer Serie von miteinander in Verbindung stehenden Themen erläutern, die gemeinsam die Rahmenbedingungen für die aktuelle architektonische Praxis in Chile bilden.

Landschaft

Man sagt, dass der argentinische *Gaucho* die Vegetation der Pampas nur auf zwei Arten beschreiben kann, nämlich als *Busch* oder als *Gras*, während seine eingeborenen Vorfahren mindestens zwanzig Bezeichnungen für ebenso viele Pflanzenarten kannten. Das ist eine Frage der Perspektive, des Bedarfs, und auch der Phantasie. Die Einschätzung des Gauchos ist eine Form der Deprivation, während die der Eingeborenen auf Erfindungsreichtum beruht.

In der Nähe des Ortes, an dem ich dies schreibe, sehen die Hügel in der Umgebung von Santiago aus, als wären sie mit Flecken überzogen. Diese trockene, einsame Landschaft mit ihrer dürftigen Erde wird oft als *monte* bezeichnet, analog zu Abfall: überschüssiges Land. Das bedeutet, dass die Kulisse unseres täglichen Lebens hauptsächlich durch Absenz und Deprivation beschrieben wird.

Niemand unter den Bewohnern kennt die Namen der Hügel oder Schluchten in dieser Gegend. Vielleicht ist das der Grund dafür, dass nicht einmal ein minimaler Konsens darüber besteht, welche Art von Landschaft unsere wichtigsten Städte eigentlich umgibt: Ist es eine Wüste? Oder was sonst?

Jede Landschaft ist primär eine Geschichte: Unsere ist hauptsächlich mit den Gebräuchen unserer Vorfahren in Bezug auf Bewässerung und Wasserwirtschaft verbunden. Ich glaube, dass dieses Faktum über die rein praktische Konnotation von *Infrastruktur* hinausgeht, wie auch die Raumnutzung im Tiefland zu einem wichtigen kulturellen Merkmal wurde.

Santiago liegt in einer Region, die früher mit Bewässerungskanälen durchzogen war. Wir nennen diese Kanäle noch immer *acequias*, in Anlehnung an das arabische Wort. Das komplexe Verteilersystem für Wasser aus den Anden wird durch ein ungewöhnliches, bodenständiges Verfahren ermöglicht.[3] Obwohl die *acequias* vom Gesichtspunkt der Formung und Bewohnung des Gebiets außerordentlich bedeutend sind, ist doch keine einzige davon strukturell bemerkenswert.

Diese von den Künsten der Hydraulik und Landwirtschaft geschaffenen Produkte sind als Objekte unerheblich. Sie erfüllen einzig und allein die Mission, das Land mit Wasser zu versorgen. Ihre Präsenz manifestiert sich auf primärer, struktureller Ebene anstatt auf der Ebene von Form oder Materialqualität.

Passform

Im Kontext des Schneiderns steht dieser Ausdruck für die optimale Übereinstimmung zwischen Kleidungsstück und Körper. Selbstverständlich ist diese Beziehung subjektiv: Die Mode diktiert, wie die optimale Passform auszusehen hat.

Das Gepräge des Planungsrasters ist in den Städten Lateinamerikas nach wie vor vorherrschend: Der Ursprung dieser Städte ist historisch (anstelle von mythologisch). In Chile steht die Präzision des Rasters in krassem Gegensatz zu der schwachen, prekären Struktur, als wäre der Raster ein sehr loses Kleidungsstück für einen jungen, noch nicht präzise geformten Körper. Trotzdem ist der Raster ein starker (manchmal lästiger) Plan, dem ein schwacher Raum gegenübersteht. Luftaufnahmen zeigen daher oft präzise Genauigkeit, wo man eigentlich nur Zufall und Wahllosigkeit vermutet.

Ein weiteres Modell ist in komplexen topografischen Standorten zu finden: ein pragmatischer Ansatz, wo scheinbar pittoreske Arrangements in Wirklichkeit taktisch kluge Antworten auf ernsthafte Einschränkungen darstellen.

Im chilenischen Kontext steht Santiago für ersteren und Valparaíso für zweiteren Ansatz; ein geplantes Layout im Gegensatz zum aufgeklärten Pragmatismus: zwei urbane Prinzipien, das eine offensichtlich, das andere verborgen.

Das Monument, das Monumentale

Jeder chilenische Architekt wird zustimmen, dass einer der herausragendsten monumentalen Plätze des 19. Jahrhunderts in der Hauptstadt aus einigen Pappelreihen in einer *Alee* besteht: eine elementare Promenade, eine kurze Chaussee, die sich hoch über die Silhouette der Bauten der Stadt erstreckt: ein Bild, das eine Unzahl an Vorschlägen für gültige zeitgenössische Strategien in sich birgt.

Instant City

Der Begriff „monumental" bezieht sich hauptsächlich auf Größe; „Monument" jedoch hat etwas mit Erinnerung zu tun, mit Kontinuität und Permanenz.

Die ersten Stadtpläne von Santiago zeigen ein geradezu auffallend ordentliches Ensemble: Was, bitte schön, könnte ordentlicher sein als ein sauberer Rastergrundriss? Entweder war es ein übertriebener Sinn für Korrektheit oder die kartografische Praxis jener Zeit – jedenfalls ließen die Autoren in ihren Abbildungen alle

tion of the pampas: *bush* and *grass*, whereas his indigenous ancestors were able to recognize at least twenty different denominations for an equivalent number of plant species. It is a matter of outlook, need and also imagination. The first appraisal denotes a form of deprivation whilst the second is resourceful.

Nearby from where I write, the landscape of the hills that surround Santiago looks as if covered in specks. This dry and lonely landscape with its poor soil conditions is often designated as *monte*, a description analogous to waste: surplus land. This means that the backdrop to our everyday life is described mainly through absence and deprivation.

No citizen knows the names of the hills or the ravines within these areas. Perhaps because of this reason there is not even a minimal consensus about the landscape that surrounds our main towns: is it like a desert? Or else what is it like?

Each landscape is primarily a history: Ours is primarily linked to the ancestral practices of irrigation and water management. I believe this fact to transcend the purely practical connotations of *infrastructure*, just like land management in the Low Countries becomes a prime cultural trait.

In fact Santiago commands a region that used to be crossed with irrigation canals. Following the Arab expression we still call them *acequias*. An unusual vernacular procedure ensures the complex distribution of Andean water.[3] Although *acequias* are of great relevance from the point of view of the shaping and inhabiting of the territory, not a single one of them is memorable as fabric.

Negligible as objects, these products of the arts of hydraulics and agriculture simply fulfil the mission of watering the land. Their presence manifests itself at the primary level of structure rather than at the level of form or material quality.

Fitness

In the context of tailoring, the expression indicates a proper correspondence between garment and body. Needless to say this rapport is subjective: fashion rules fit.

The imprint of the foundational grid is prevalent in Latin-American cities: these have a historical origin (as opposed to a mythical one). In Chile, the precision of the grid is in contrast with a weak and precarious fabric as if the grid was a very loose garment for a young (and imprecise) body. Nevertheless the grid represents a strong (sometimes tedious) plan versus weak spaces so that the air views often reveal exactness where the ordinary prospect denotes casual randomness.

Another model is found in complex topographic sites: a pragmatic approach where apparent picturesque arrangements are in fact tactical responses to serious constraints.

Within the Chilean context, Santiago represents the former and Valparaíso the latter; a planned layout as against enlightened pragmatism: two urban rationales, one evident, the other subsumed.

The Monument, the monumental

Any Chilean architect will reckon that one of the outstanding monumental places of the early 19th century capital was made of a few lines of poplars organized in an *Alee*: an elementary promenade, a short avenue that rose high above the built skyline: an image pregnant with suggestions for valid contemporary strategies.

Instant City

If monumental alludes primarily to size, monument draws from memory therefore from continuity and permanence.

Original urban maps of Santiago portrayed an ensemble where order was outstanding: after all, what could be more orderly than a neat gridiron plan? Either because of an exaggerated sense of propriety or else because of customary cartographic practice, these authors excluded from their depictions all fringe settlements. Thus many urban areas were rendered invisible as if inexistent.

Craft

Advanced technologies of construction can be applied in Chile – at a price, therefore limited to a small percentage of building. At the same time, handcrafts become increasingly rare: the territory of practice exists somewhere between these extremes.

Reinforced concrete represents an encounter between ancestral and modern practices. It conjoins the crafting of timber structures with a formless mass of material to be poured into them. Frequent earthquakes have resulted in legislation that favours concrete structures. Furthermore in the minds of the citizens reinforced concrete embodies firmness: a practical attachment to permanence, fundamentally distinct from sentimental notions of memory. A series of violent earthquakes affected virtually all main cities causing various degrees of devastation. As from 1949 the victory of reinforced concrete is virtually ensured.

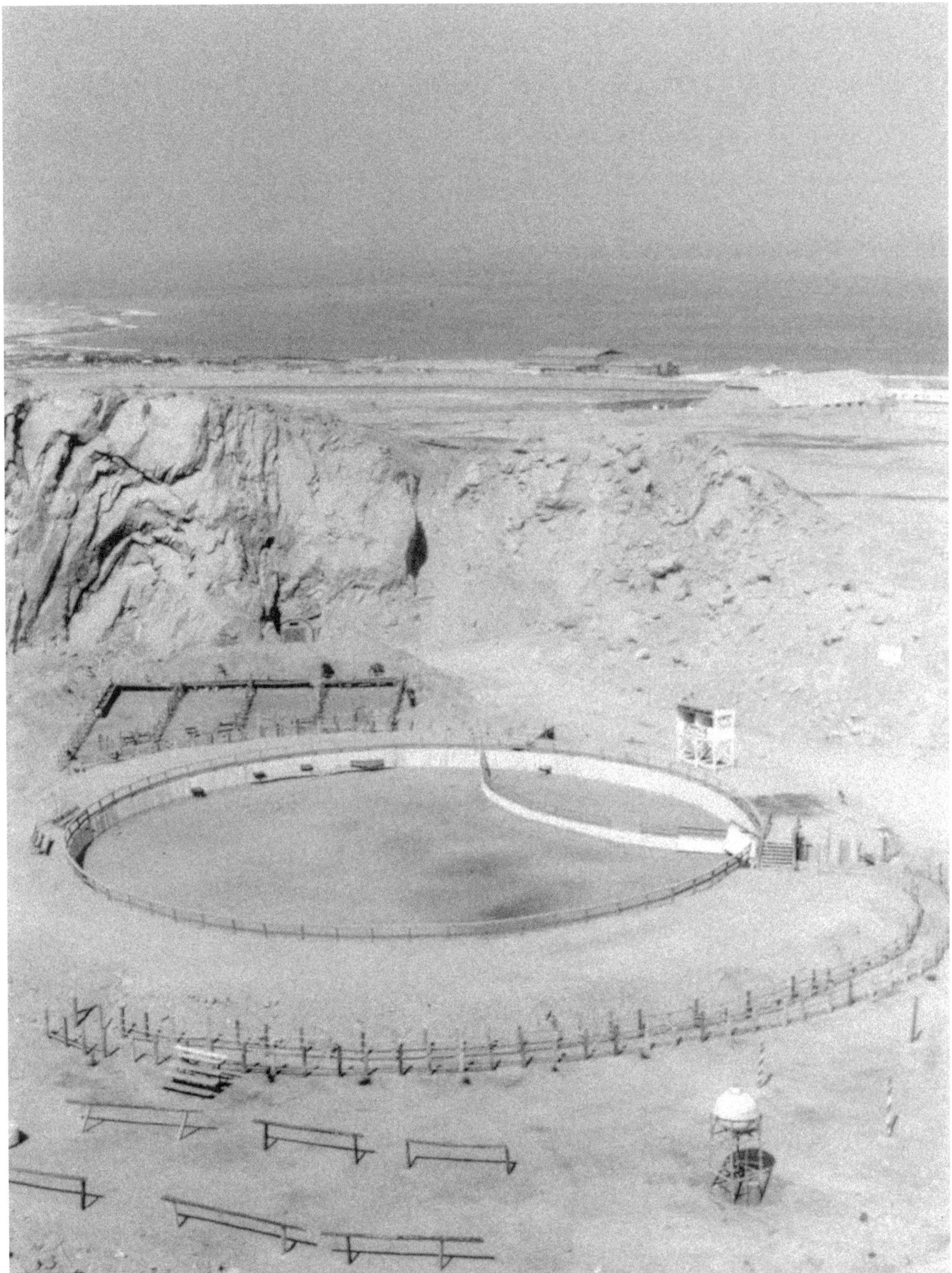

ORT MEANS PLACE, SITE, LOCATION AND MORE

Randgebiete weg. Zahlreiche urbane Gegenden wurden dadurch unsichtbar gemacht, als würden sie tatsächlich nicht existieren.

Handwerk

Auch in Chile können moderne Bautechnologien Anwendung finden – allerdings zu einem stolzen Preis, wodurch ihre Anwendung auf einen kleinen Prozentsatz aller Gebäude beschränkt ist. Gleichzeitig wird das Handwerk immer seltener. Die tatsächliche Praxis liegt also irgendwo zwischen diesen beiden Extremen.

Stahlbeton stellt ein Zusammentreffen von angestammten und modernen Verfahrensweisen dar. Er verbindet die handwerkliche Fertigung der Holzstrukturen mit einer formlosen Materialmasse, die dann in die Strukturen gegossen wird. Wiederholte Erdbeben haben zu einer Gesetzgebung geführt, die Betonbau bevorzugt. Weiters steht Stahlbeton in den Köpfen der Einwohner für Festigkeit und Halt: ein praktisches Festhalten an Permanenz, abseits aller sentimentalen Vorstellungen von Erinnerung. Eine Serie starker Erdbeben betraf fast alle Großstädte des Landes und richtete überall Zerstörung an. Seit 1949 war der Siegeszug des Stahlbetons so gut wie abgeschlossen.

Der Übergang von Holz zu Beton ist bei Sichtbeton besonders interessant: eine starke Reziprozität zwischen arbeitsintensiven Holzläden und ihrem Abdruck in Beton. Früher beschrieb man als komplexes Holzfachwerk und große Holzkonstruktion, was in Wirklichkeit zu grauen, monolithischen Gebäuden wurde. Gelegentlich entstand aus diesem Austausch zwischen Form und Gegen-Form auch Architektur.

Spielregeln

In Ermangelung starker Erinnerungen kann sich Architektur ungehindert entwickeln. Das ist positiv. Auf der anderen Seite bedeutet die Abwesenheit von Erinnerungen aber auch, dass man jedes Mal, bei jedem Projekt, wieder von vorne anfangen muss. Wenn es um mehr als ein Projekt geht, kann diese Regression etwaige Versuche, eine zusammenhängende Ordnung zu schaffen, gefährden, als gäbe es keine gemeinsame Sprache, auf die man sich beziehen könnte. Organisierte Spiele geben sehr präzise materielle Bedingungen für die Erbringung architektonischer Leistungen vor; diese beruhen häufig auf den Anforderungen einer extrem schwierigen Arena: Die architektonischen Anweisungen schreiben genauestens vor, wie Layout, Form, Topografie, Orientierung und Materialität einzubringen sind. In der Wechselwirkung zwischen präziser und zufälliger (oder ungenauer) Form liegt die Wurzel der Idee des Spielens: Das Brett, das Spielfeld oder die Arena geben genaue Regeln vor, denen alle Spieler folgen müssen, damit sich ein Wettbewerb entwickelt, dessen Ausgang immer ungewiss ist – genau darin liegt die Faszination des Spiels.

Ich stelle mir diese Wechselwirkung zwischen Präzision und prekärem Zufall gerne als die Kulisse vor, vor der Architekten in Chile arbeiten. Schließlich ist das Zusammenspiel von ursprünglichem städtischem Raster und willkürlichem Bauen die Kulisse all unserer Städte. Gebaute Präzision ist in Chile ein seltenes Attribut: Das ist eine der Spielregeln. Vielleicht könnten wir das, was wir haben, als große Schultafel beschreiben, auf der Projekte entstehen und auch wieder gelöscht werden, aber manche Linien – nur ein paar präzise Striche – weisen einen Weg nach vorne. Wer weiß, vielleicht ist das genug.

[1] Martinez Estrada, Auszüge aus: Radiografía de la Pampa, zusammengefasst in: El Lugar de la Arquitectura, Alejandro Aravena Mori (Hg.), ARQ Editions, Santiago de Chile 2002, S. 93.
[2] Diese Situation trifft vielleicht mehr auf die südlichen Länder zu, von denen keines starke koloniale oder indigene Traditionen aufweist.
[3] Ricardo Astaburuaga, El Agua en las Zonas Aridas de Chile, ARQ Editions 57, Juli 2004, S. 94.

PAGES 44, 45:
CIRCULAR ARENAS FOR THE PERFORMANCE
OF THE VERNACULAR RODEO IN THE CHILEAN
COUNTRYSIDE

The passage from timber to concrete becomes particularly interesting with fair face work: a powerful reciprocity between labour intensive wooden shutters and their imprint in concrete. It used to be so that complex timber carcass described large timber constructions where in fact grey monolithic buildings were arising. Occasionally, in some enlightened projects this interchange between form and counter-form became a matter of architecture.

Rules of the Game

In the absence of strong memories, architecture may proceed unhindered. That is positive. On the other hand the absence of memory means setting things back to the beginning – every time. This regression may jeopardize attempts to cohere order where more than one project is at stake, as if there was no common language to refer to.
Organized games prescribe very precise material conditions for performance; these often derive in requirements for extremely exacting arenas: architectonic instructions as close as it is conceivable to the absolute precision of layout, form, topography, orientation, materiality. The interplay between precise and random (or imprecise) forms is at the root of the idea of play itself: the board, the pitch, the field or the arena prescribe precise rules – common and equal to all players – for the unfolding of a particular contest whose ultimate fate is always unknown: thus the intrigue of the game.

I like to think about this interplay between exactness and precarious randomness as constituting a background against which the architect's practice in Chile proceeds. After all, the interplay between the foundational urban grid and random haphazard building is in the background of all our cities. In Chile, built precision is a rare attribute: this is a rule of the game. Maybe what we have is a large blackboard where projects are inscribed and also erased but some lines – just a few precise ones – indicate ways forward. Maybe that is sufficient.

[1] Martinez Estrada, Excerpts from: Radiografía de la Pampa, compiled in: El Lugar de la Arquitectura, Alejandro Aravena Mori (editor), ARQ Editions, Santiago de Chile 2002, p. 93.
[2] The situation is perhaps more particular to the southern countries, all of them devoid of strong colonial or indigenous traditions.
[3] Ricardo Astaburuaga, El Agua en las Zonas Aridas de Chile, ARQ 57, July 2004, p. 94.

CADA COSA – JEDES DING
CADA COSA – EVERY THING

SMILJAN RADIC CLARKE

GEBOREN 1965, ARCHITEKT, LEBT IN SANTIAGO DE CHILE. GRADUIERTE 1989 AN DER CATHOLIC UNIVERSITY SCHOOL OF ARCHITECTURE, SANTIAGO DE CHILE. AUFBAUSTUDIUM IN VENEDIG, ITALIEN, ARBEITEN IN HERAKLION, GRIECHENLAND. 2001 AUSZEICHNUNG DER CHILENISCHEN ARCHITEKTENVEREINIGUNG ALS BESTER NATIONALER NACHWUCHSARCHITEKT; GEWINNER ZAHLREICHER WETTBEWERBE UND AUSZEICHNUNGEN.

BORN 1965, ARCHITECT, LIVES IN SANTIAGO DE CHILE. GRADUATED IN 1989 AT CATHOLIC UNIVERSITY SCHOOL OF ARCHITECTURE, SANTIAGO DE CHILE. STUDIED IN VENICE, ITALY, AND WORKED IN IRAKLIO, GREECE. 2001 AWARD AS THE BEST NATIONAL ARCHITECT LESS THAN 35 YEARS OF AGE FROM THE CHILEAN ARCHITECTS' ASSOCIATION. WINNER OF NUMEROUS AWARDS AND COMPETITIONS.

→

Unter *Peripherie* verstehe ich das, was ich als *den Rand der Welt* bezeichne. Ich möchte kurz die Bedeutung dieses Begriffs in Chile darlegen. Hierzu müssten wir *Peripherie* als *orilla (Saum, Rand, Ufer, Küste)* übersetzen, was zumindest auf Spanisch das Aufgehen am Rande eines Gewebes oder eines Kontinents impliziert. Über die als Saum bzw. Küste verstandene Peripherie schrieb Joseph Brodsky in der Einführung zu „Karte der Neuen Welt", einem Buch von Derek Walcott, etwas, was mich vor etwa zehn Jahren noch verblüffte:

„Im Gegensatz zum allgemeinen Verständnis der Peripherie", schreibt Joseph Brodsky, „ist sie aber nicht der Ort, an dem die Welt endet, sondern vielmehr der Ort, an dem sich die Welt absetzt. Es handelt sich um ein Phänomen, welches mit der Zunge ebenso wie mit dem Auge in Beziehung steht …"

Derek Walcott wurde auf der Insel Santa Lucía in der Karibik geboren. Es sind inzwischen schon etwa zwanzig Jahre vergangen, seit ich die Küsten dieser Insel mit dem Schiff bereiste. Ich erinnere mich aber noch an einen Tag, als wir nach einem plötzlichen Gewitter, das uns auf hoher See überrascht hatte und dessen strömender Regen eine Sicht von maximal zwei Metern zuließ, in einer kleinen, einsamen Bucht unter einer feuchten und gleißenden Sonne vor Anker gingen. Nach wenigen Momenten hörten wir in nicht allzu großer Entfernung einen Bootsmotor, welcher sich uns, summend wie eine Stechmücke, näherte. Im Boot saßen drei fröhliche Männer. Dieses Boot können wir uns als Kleinstbetrieb vorstellen, der sich auf die Versorgung „einsamer" Yachten in „einsamen" Buchten spezialisiert hat. Zuerst boten sie uns frische Mangos an. Nachdem wir den Preis ausgehandelt hatten, sprang der Jüngste der Besatzung zu unserer Überraschung mit über die Schulter geschlungenem Beutel über den Bootsrand ins Wasser und schwamm zum weißen Sandstrand. Seine Gestalt verlor sich alsbald im Wald, aber bald sahen wir, wie sich die Krone eines riesigen Baumes heftig bewegte, von dem er die Mangos herunterschüttelte. Dasselbe wiederholte sich beim Kauf der Bananen, Kokosnüsse und der so genannten Papageifische, die zwar in eindrucksvollen Farben schillern, dafür aber furchtbar schmecken und nicht im Entferntesten an den exquisiten Geschmack der fliegenden Fische erinnern, die in dieser Region in Form französischer Pâté häufig sind. An der Reling des Bootes stand zu lesen: „Don't worry be happy: this is Paradise".

Dieses Paradies oder *das Paradies* könnte ein Ort der Absetzung sein, mindestens im Sinne von Joseph

→

For me, the term *periphery* stands for what I refer to as *the edge of the world*. Let me briefly explain the meaning of this term in Chile. In order to do this, we must translate *periphery* as *orilla (seam, edge, shore, coast)*, which, at least in Spanish, also implies the coming undone of the edge of a fabric or a continent. In his introduction to 'A Map of the New World', a book by Derek Walcott, Joseph Brodsky wrote something that still baffled me ten years ago:

'In contrast to our general understanding of periphery', Joseph Brodsky writes, 'it is not the point where the world ends, but rather the point where the world breaks away. It is a phenomenon that relates to the tongue as well as to the eye …'

Derek Walcott was born on the island of Santa Lucía in the Caribbean. More than twenty years have passed since I first travelled to the coasts of this island by ship, but I still remember a day when, after a sudden thunderstorm had surprised us at sea and the pouring rain meant that we could not see further than two metres ahead at the most, we moored the boat in a small, lonely cove under the humid, glaring sun. After a few moments, we could hear a boat engine not too far away, approaching us with a mosquito-like hum. Three cheerful men were sitting in the boat. Imagine this boat as a tiny-sized enterprise that had specialized on catering for 'lonely' yachts in 'lonely' bays. First they offered us fresh mangoes. After we had negotiated a price, the youngest member of the crew surprised us by jumping over the edge of the boat into the water with a bag slung over his shoulder and swimming to the white sand beach. We soon lost sight of him in the forest, but after a while saw the top of an enormous tree shaking fiercely – this was in fact the tree he was shaking the mangoes down from. The same thing happened when we bought bananas, coconuts, and so-called parrot fishes, which are dazzlingly coloured, but taste quite dreadful, not in the least like the exquisite flying fish that are often made into French pâté in that part of the world. The railing of the boat bore the inscription: 'Don't worry be happy: this is Paradise'.

This paradise or just *paradise* itself could be a place of breaking away, at least in the sense of Joseph Brodsky, who sees it as containing several languages deposited in one single person, starting from the *Patois* that Derek Walcott spoke as a child.

In the case of Chile – which is also a seam, a coast – the purpose of these other languages was to seduce, at least in the minds of those of us who believe in dis-

Brodsky, der darin verschiedene Sprachen sieht, die sich in ein und derselben Person absetzen, ausgehend vom *Patois*, das Derek Walcott als Kind sprach.

Im Falle von Chile, ebenfalls ein Saum bzw. eine Küste, dienten diese anderen Sprachen zur Verführung, zumindest für jene unter uns, die an Zerstreuung mittels Betrug glauben. Es genügt, die Briefe der ersten Conquistadores (Eroberer) an das Königreich Spanien zu lesen. Obwohl Chile keine reichen Goldschätze zu bieten hatte, wurde es als Paradies beschrieben, arm, aber gesund.

In den Schilderungen von Cendrars, Verne, Oscar Wilde, Sciascia und unzähligen anderen Schriftstellern, die Chile nie, nicht ein einziges Mal, besucht haben, kommt der Name Chile dennoch wegen seiner Lage am Rande des Vorstellbaren oder des mit Gewissheit Aufnehmbaren vor.

Enger mit unseren persönlichen Geschichten verbunden sind zweifellos die Erzählungen unserer Großväter, die uns von der letzten großen Einwanderungswelle zu Beginn des letzten Jahrhunderts berichteten. Der asturianische Vater eines engen Freundes, der Mathematiker ist, war beispielsweise wegen des Ersten Weltkriegs aus Europa ausgewandert, und als guter Spanier erkor er unser Land zu seiner neuen Heimat aus, da er in Asturias Leute gekannt hatte, die aus Chile „mit prallem Bauch und gesund" heimkehrten. Mein Großvater, Kroate von der Insel Brač, zog 1914 nach Chile, verführt durch die Briefe, die er von seinem Bruder erhalten hatte, und den Salpeter der chilenischen Wüste.

Absetzung und *Zerstreuung* sind Worte, die Joseph Brodsky der *Peripherie* als Produkt der Vorstellung zuschreibt, ihrer Sprache und ihrem Blick, ihrer Art, mit der Welt Gespräche zu führen und sie aufzubauen. Hinter den Worten von Joseph Brodsky verbirgt sich das Gefühl, einem Objekt gegenüberzustehen, das an den Küsten aufgeht, abtreibt, vom Weg abkommt.

Ich möchte Ihnen nun einen Text von Henry Michaux zitieren, der genau das beschreibt, eben diese besondere Art der Konversation mit der Welt. Darin spricht Michaux von der „Notwendigkeit, zu überladen und zu entvereinfachen" als Konzept für das Verständnis des Bauens in diesen Grenzlandschaften. Überladen und entvereinfachen, das sind gewaltige linguistische Brocken, welche akademische Kreise heutzutage nur schwer verdauen:

„Eines Tages," – erzählt Michaux – „als ich durch den Gang einer psychiatrischen Anstalt auf dem Lande ging, stand ich plötzlich vor einem ganz außergewöhnlichen Tisch."

„Hatte man ihn einmal gesehen, weigerte er sich, vergessen zu werden, er ging einem einfach nicht mehr aus dem Kopf. Es war, als wäre er selbst noch unentschlossen, ich weiß nicht genau wie, offensichtlich war das seine ureigene Angelegenheit, als ob er oder sein Autor sich noch immer stritten und nicht einigen könnten, ob er ein Tisch oder etwas anderes werden solle. ‚Das ist ein typisches Beispiel für objektivistischen Manierismus', erklärte mir der Spezialist, der mich begleitete."

„Jener Tisch, schwerer, kompakter als jeder andere, wie konnte man ihn als manieriert bezeichnen? ... Jedenfalls fiel auf, dass er – ohne einfach sein zu wollen – kein wirklich komplexer Tisch war, weder komplex als Gesamtes noch auf Grund der dahinter steckenden Absicht noch weil er einem komplizierten Plan entsprungen wäre. Vielmehr hatte er sich im Laufe der an ihm vorgenommenen Arbeiten entvereinfacht."

„Der Schöpfer des Tisches hieß E., er war ein langsamer Arbeiter und ein Perfektionist durch und durch. Er hatte mehr als ein Jahr in die Vollendung seines Tisches gesteckt – oder besser gesagt, um ihn bis hierher, in seinen jetzigen Zustand, zu bringen. War er denn eigentlich fertig? So wie er dastand, war er ein aus Stücken gemachter Tisch, so wie viele Malereien von Schizophrenen, die als ‚vollgestopft' bezeichnet werden, und wenn er fertig war, dann insofern, als es überhaupt nicht mehr möglich war, ihm etwas hinzuzufügen, denn der Tisch war immer mehr zu einem Klumpen und immer weniger zu einem Tisch geworden."

„Ein immer kompakteres Konglomerat" – schreibt Michaux weiter –, „ein Werk von jemandem, der immer wieder auf die Idee ‚Tisch' zurückkommt. Denn man konnte auch nicht behaupten, man hätte ihn nach dem Zufallsprinzip bauen können. Das wichtigste Phänomen hatte sich in der zeitlichen Dimension ereignet. Der Tisch, dem wir gegenüberstanden, war das Ergebnis endloser Etappen, ihr Autor arbeitete an diesem Tisch, ohne mit seiner Arbeit jemals zu einem Ende zu kommen, er verkomplizierte ihn immer mehr, stopfte ihn immer voller."

„Durch kleine Blöcke, die er nach und nach einfügte – nutzlose Hinzufügungen, Zusätze zu den Hinzufügungen, ohne böse Absicht, aber bezeichnend für einen unwiderstehlichen Drang, hinzuzufügen, ohne je aufzuhören und ohne dass es je ‚genug' wäre – hatte sich E. in Richtung ‚Tisch' vorgearbeitet. Aber war es ein Tisch? Er war für nichts geeignet, bot keine Funktionalität, die wir von einem Tisch erwarten. Schwer war er, ein echtes Hindernis, kaum zu transportieren. Man wusste nicht einmal, wo man ihn anfassen sollte (weder gedanklich noch mit der Hand). Die Platte, der nützliche Teil des Tisches, war progressiv reduziert worden, bis sie ganz verschwand und so wenig Beziehung zum Gerümpel

traction by means of betrayal. It suffices to read the letters from the first Conquistadores to the kingdom of Spain. Although Chile had no splendid treasures of gold to offer, it was still described as a paradise, poor but healthy.

In the descriptions of Cendrars, Verne, Oscar Wilde, Sciascia and countless other writers who had in fact never even been to Chile, the name of the country still crops up, because of its geographical position – on the edge of what is imaginable or of what can be absorbed with certainty.

The stories of our grandfathers about the last big immigration wave at the beginning of the last century are more closely connected to our own personal stories. For instance, the Asturian father of a close friend of mine, who is a mathematician, emigrated from Europe on account of World War I, and, as a good Spaniard, he chose our country as his new home, also because he had known people in Asturia who had returned from Chile 'healthy and with a full stomach'. My grandfather, a Croat from the island of Brač, moved to Chile in 1914, seduced by letters written to him by his brother, and by the saltpetre of the Chilean desert.

Displacement and *dispersal* are words that Joseph Brodsky attributes to *periphery* as a product of imagination, its language, its perspective, and its way of entering into a dialogue with the world, and building it up in the process. Behind Joseph Brodsky's words, there is the feeling of being faced with something that comes undone at the coastline, something that floats away, that goes astray.

I would now like to quote from a text by Henry Michaux, which describes precisely this particular way of conversing with the world. In the text, Michaux talks about the 'necessity to overload and de-simplify' as the concept for understanding architecture in these border landscapes. Overloading and de-simplifying, these are massive linguistic chunks that academic circles find hard to digest these days:

'One day,' – says Michaux – 'when I walked through the corridor of a psychiatric institution in the countryside, I was suddenly faced with an extraordinary table.'

'Once the table had been seen, it refused to be forgotten, it simply stuck in your memory. It was as if it had not yet made its mind up – I don't exactly know how, it was obviously its very own affair – as if the table and its author were still quarrelling about whether it should be a table or something else. 'This is a typical example for objectivist Mannerism', explained the specialist who was accompanying me.'

'This table, heavier, more compact than any other, how could it possibly be referred to as Mannerist? …

What was noticeable was that, without the table wanting to appear simple, it was not really complex either, neither in its entirety nor on account of the intention behind it, nor because it was the result of a complicated plan. It had rather de-simplified itself in the course of the work carried out on it.'

'The maker of this table was called E., he was a slow worker and a perfectionist through and through. He had taken more than a year to complete this table – or rather to get it to where it was now, to its current state. Was it actually finished? As it stood there, it was a table made of parts, like many of the paintings done by schizophrenics, which are often referred to as 'crammed', and if it was finished at all, it was because it was simply no longer possible to add anything to it, as the table had more and more turned into a lump, and less and less into a table.'

'An increasingly compact conglomerate' – Michaux continues – 'a work by someone who keeps coming back to the idea of a 'table'. For it would also have been impossible to build it at random. The most important phenomenon had occurred in the time dimension. The table we were faced with was the result of endless stages, its author was working on that table without ever coming to the end of his work, he complicated it more and more, cramming more and more into it.'

'With small blocks that he added bit by bit – useless additions, additions to the additions, made in good faith, but characteristic for an irresistible urge to add without ever stopping, and without it ever being 'enough' – E. had worked his way forward in the direction of a 'table'. But was it a table? It was not fit for anything, fulfilled none of the functions that we expect from a table. It was heavy, a real hindrance, difficult to transport. You didn't even know where to touch it (neither theoretically nor with your hands). The table top, the useful part of the table, had been progressively reduced, until it had disappeared completely and had so little relation with the bulk of the structure that the thing did in fact no longer present itself as a table, but as a completely different piece of furniture, as an unknown instrument of unknown use.' Here ends Michaux's description.[1]

If I may permit myself to twist Michaux's words from this long passage, I would say that he provides a description of a fragile construction. If this table was a language and not a table, we would be talking about chunks from diaries, fragments of destruction, syllables of death, pauses of lies, commercial phrases, names of the dead. We would be talking about a deep crisis of language, an infection of the mind, a dislocation of all ideologies. We would be talking about punishment …

der Struktur aufwies, dass sich das Ding nicht mehr als Tisch, sondern überhaupt als ganz anderes Möbel präsentierte, als unbekanntes Instrument mit unbekanntem Gebrauch …" So schließt Michaux.[1]

Wenn ich es mir erlauben darf, Michaux' Worte aus diesem ausgiebigen Absatz zu verdrehen, so würde ich sagen, dass er uns die Beschreibung einer fragilen Konstruktion nahe legt. Wäre dieser Tisch Sprache und nicht Tisch, so sprächen wir von Brocken aus Tagebüchern, Fragmenten der Vernichtung, Silben des Todes, Pausen von Lügen, kommerziellen Phrasen, Namen von Verstorbenen. Wir sprächen über eine tiefe Krise der Sprache, eine Infektion des Gedächtnisses, eine Ausrenkung aller Ideologien. Wir sprächen von einer Strafe … Wir könnten in diesem Text das Wort *Tisch* aber auch durch *Stadt* ersetzen und gelangten so ohne Zweifel zu einer nackten Leseweise des Staubackers, den wir bewohnen; zu einer Leseweise unserer Stadt, die sich tagein, tagaus auf der Suche nach *der Stadt* auflöst, auf der Suche nach einer bestimmten Idee.

Der von Michaux beschriebene Tisch – und genau daran bin ich interessiert – ist das, was ich als fragile Konstruktion beschrieben habe. Wir sprechen von Gerümpel, von getrennten Resten, von Überladen und Entvereinfachen. Diese Objekte sind die notwendige Lösung für einen speziellen Fall oder ein spezifisches Problem, ohne Plan, ohne Geschichte, ohne Tradition, ohne Wunsch. *Cada Cosa es Cada Cosa* – Jedes Ding ist Jedes Ding, gebaut, um nicht gesehen zu werden, weil es dem Ding egal ist, wie es gesehen wird, denn das ist es nicht wert. Sein Wert – wenn eine Wertbestimmung denn möglich ist – hat nichts damit zu tun, ob es konstruktiv wertvoll ist oder nicht, sondern begründet sich ausschließlich darauf, dass es sich um Spuren von etwas handelt, das gelebt hat. So werden wir uns darüber klar, dass seine Beständigkeit, sein infiziertes Gedächtnis, ausschließlich aus Material besteht, aus *seinem* Material.

Diese Konstruktionen nutzen uns zum Trotz jede Ecke bzw. jeden Verlust der Grenzen der zivilen Stadt aus, um in unsere Orte der Zukunft einzufallen: schön, sauber, transparent. Orte und häufiger Nicht-Orte (im Sinne von Marc Augé), deren Aufgabe das Versteinern, das Kontrollieren, das Umschließen und schließlich das Verstecken der Stadt ist, die sich hinter ihrem Rücken auflöst, diese „schlecht angesehene" Stadt.

Wir könnten sagen, dass diese neuen Orte das Gesicht hinhalten sollten, gesehen werden müssen. So zeigt es die fotografische Auflösung in den Veröffentlichungen. Ein bedeutender Anteil unserer professionellen Konstruktionen aus den letzten Jahren scheint paradoxerweise einen Zustand anzustreben, der als *Unrichtigkeit* oder *extreme Schärfe* bezeichnet werden könnte. Als Art *konstruktiver Hyperrealismus*. Bestand für die fragile Konstruktion das Problem in der Entvereinfachung und in der Überladung zur Hervorbringung eines Objekts und einer Qualität, die sich stets in diffusem Zustand befindet, so liegt das Problem für die unverbesserliche Konstruktion darin, einen extremen Grad der Schärfe in jedem Detail dieser hyperexponierten und hyperrealen Konstruktion herauszubringen. Diese Art ist mit der *phatischen Vision* verbunden, die notwendigerweise mit der Welt der Brillen verwandt ist.

Zwischen diesen Linien lesen wir diese Küsten, wir bauen sie. Zwischen einer scharfen und unverbesserlichen und einer anderen, diffusen, entvereinfachten und überladenen.

So bedeutet meiner Ansicht nach in Chile *gut bauen* nicht notwendigerweise, dass etwas präzise, scharf oder elegant gebaut sein müsste. In unserer Stadt und an anderen Orten bedeutet, dass etwas gut gebaut ist, lediglich, dass es *angemessen* gebaut sein muss. Beispielsweise kann niemand behaupten, dass eine *fragile Konstruktion,* so zum Beispiel Bauten aus Karton und Kunststoff der *homeless* (Obdachlosen) aus New York, die Ende der achtziger Jahre als Folge der Politik der Reagan-Regierung entstanden und von Margaret Morton in ihrer Ausstellung „Die Architektur der Verzweiflung" portraitiert wurden, im konventionellen Sinne gut gebaut wären. Sie sind nach Maßgabe des speziellen, bedürftigen Handlungswissens *angemessen* gebaut, wobei jede Lösung auf Grund der gegebenen Bedürfnisse die einzig mögliche Lösung ist, die allein durch die Tatsache ihrer Existenz, ihres Daseins, Gültigkeit erlangt.

Nur schwer ist eine Intervention eines Künstlers, Architekten oder ausgebildeten Konstrukteurs ohne institutionalisierte Neuinterpretationen hier vorstellbar: beständig, schön, nützlich, wie jene, welche die Kunstgalerien von Soho schufen, wo die neuen Modelle für diese Wohnungen paradoxerweise ausgestellt wurden.

Die Projekte, auf die ich mich beziehe, versuchen das Thema *angemessene Konstruktion* anzusprechen. Es handelt sich um Projekte, die auf die Unterschrift des Urhebers verzichten – jemand, der ihrer Gesamtheit gegenübersteht, wird kaum dazu in der Lage sein, sie auf Grund ihrer Form oder Gestalt einer Person zuzuordnen. *Cada Cosa es Cada Cosa*, Jedes Ding ist Jedes Ding, gebaut nach verschiedenen Graden der Auflösung.

Wohl wissen wir, dass eine höhere Auflösung nicht notwendigerweise mit einer besseren Erinnerung Hand in Hand geht, sondern nur mit einer anderen Erinnerung.

[1] Henry Michaux, Die großen Proben des Geistes, Tusquets Editores, Barcelona 1984.

We could also replace the word *table* with the word *city* in this text, and would thus arrive at the naked reading of the dusty field that we inhabit; a way of reading our city that day in, day out dissolves in the search for *the City*, the search for a certain idea.

The table described by Michaux – and this is what I am interested in – is what I call a fragile construction. We are talking about junk, about separated leftovers, about overloading and de-simplifying. These objects are the necessary solution for a specific case or a specific *problem*, without a *plan*, without a history, without tradition, without desire. *Cada Cosa es Cada Cosa* – Every Thing is Every Thing, built not to be seen, for the thing does not care how it is seen, for that is not its value. Its value – if such a definition is even possible – has nothing to do with whether it is valuable on a constructive level or not, but is merely based on the fact that it contains traces of something that was alive. We thus realize that its consistency, its infected memory, consists purely of material, of 'its own' material.

Defying us, these constructions utilize every corner, every gap in the limits of the civic city to invade our places of the future: beautiful, clean, transparent. Places, and more and more often non-places (in the sense of Marc Augé), whose purpose is to petrify, to control, to enclose, and to finally hide the city that is dissolving behind them, this 'badly regarded' city.

We could say that these new places should at least show their face, that they should make themselves seen. They are for instance shown through the photographic dissolution in the published material. Paradoxically, a significant part of our professional constructions from the last few years seem to aim for a state that could be called *incorrectness* or *extreme sharpness*, a kind of *constructive hyper-realism*. For fragile constructions, the problem was de-simplification and overloading in order to generate an object and a quality that is continuously in a state of diffusion. The problem for incorrigible constructions is to bring forth an extreme level of sharpness in every detail of these hyper-exposed and hyper-real constructions. This type is related to *phatic vision*, which, by definition, has to do with visual aids.

Between these lines, we read the coasts I was referring to, we build them. Between the sharp, incorrigible line on the one hand and a diffuse, de-simplified, and overloaded line on the other.

Hence, 'good building' in Chile in my opinion does not necessarily mean that something must be built in a precise, sharp, or elegant manner. In our city, and also in other places, good building only means *appropriate* building. For instance, nobody could claim that a *fragile construction*, such as the ramshackle constructs of carton and plastic made by the *homeless people* in New York in the late eighties as a consequence of the politics of the Reagan administration, which were portrayed by Margaret Morton in her exhibition 'The Architecture of Despair', were an example of 'good building' in the conventional sense. However, they are *appropriate* according to a specific need for action, with every solution constituting the only possible solution that is made valid simply through its existence.

It is almost impossible to imagine the intervention of an artist, architect or engineer in this context without moving on to institutionalized new interpretations: enduring, beautiful, useful, such as the new models for these dwellings that were paradoxically created and exhibited by the art galleries in Soho.

The projects I am referring to attempt to address the topic of *appropriate construction*. They are projects that do without the signature of the author – somebody who faces them in their entirety will hardly be capable of assigning them to one person on the basis of their colour or shape. *Cada Cosa es Cada Cosa*, Every Thing is Every Thing, built in different degrees of dissolution.

And we know that a higher degree of dissolution does not necessarily go hand in hand with better memories – only with different memories.

[1] Henry Michaux, The Major Ordeals of the Mind, Tusquets Editores, Barcelona 1984.

PAGE 55:

SMILJAN RADIC CLARKE, CANCHA IN CULIPRAN, CONSTRUCTION OF A TRADITIONAL CHARCOAL PIT

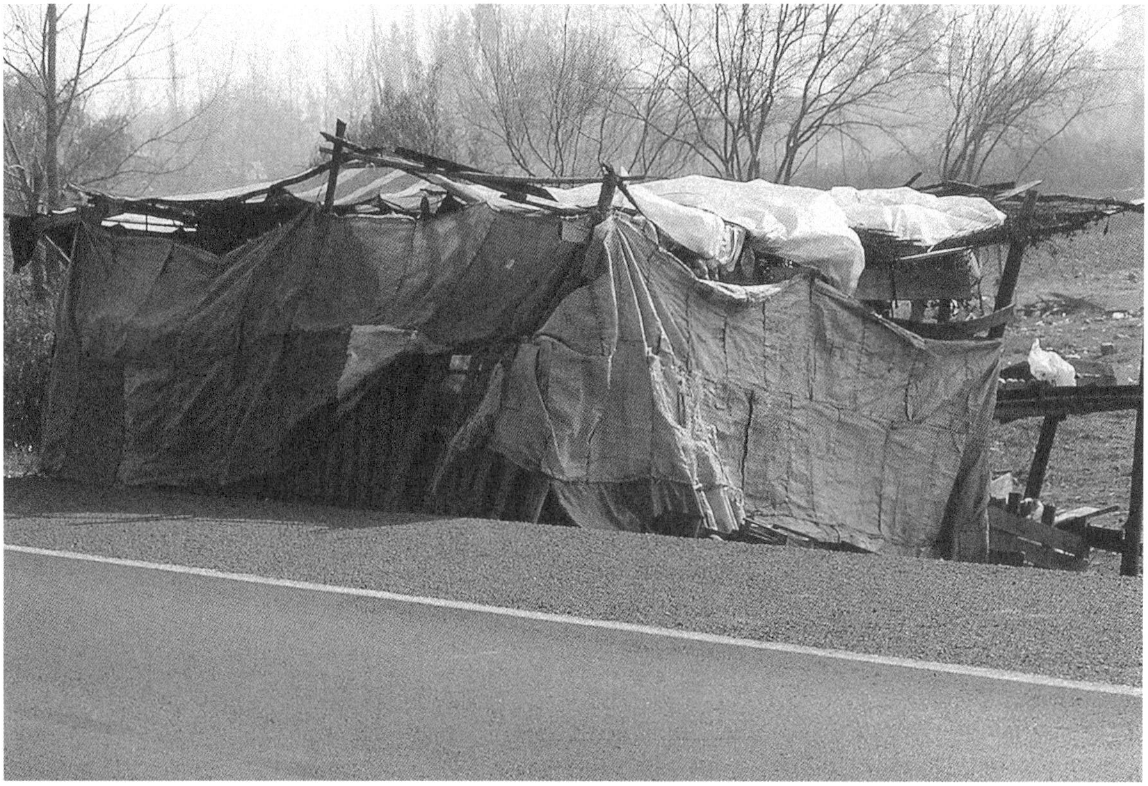

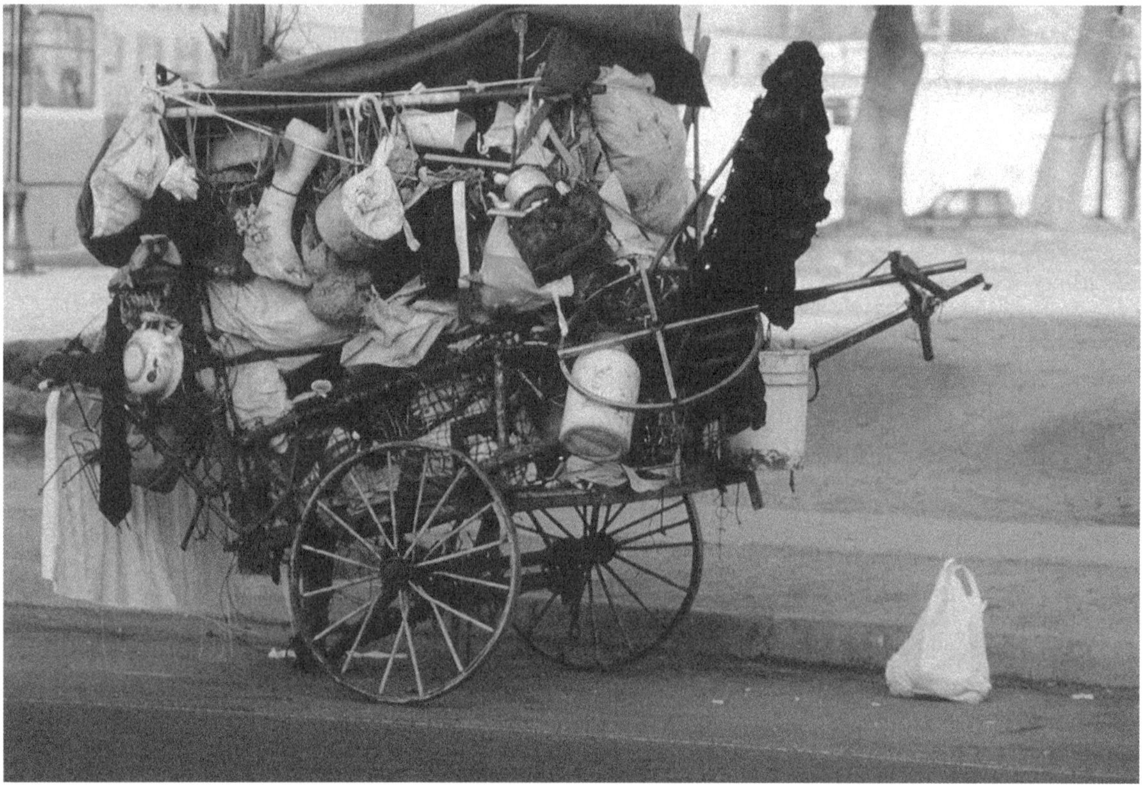

ORT MEANS PLACE, SITE, LOCATION AND MORE

SISÄISTETTY MAISEMA –
DIE INTERNALISIERTE LANDSCHAFT –
DIE KOMPONENTEN DES DOMIZILS
SISÄISTETTY MAISEMA –
THE INTERNALIZED LANDSCAPE –
THE CONSTITUENTS OF DOMICILE

JUHANI PALLASMAA

GEBOREN 1936, ARCHITEKT UND PROFESSOR, LEBT IN HELSINKI. PRAKTIZIERT SEIT DEN FRÜHEN SECHZIGER JAHREN UND GRÜNDETE 1983 SEIN BÜRO PALLASMAA ARCHITECTS. LEHRAUFTRÄGE IN EUROPA, NORD- UND SÜDAMERIKA, AFRIKA UND ASIEN. ZAHLREICHE PUBLIKATIONEN IN ZWANZIG SPRACHEN, Z.B. „ARCHITECTURAL ESSAYS", HELSINKI 2005; „SENSUOUS MINIMALISM", BEIJING 2002; „THE ARCHITECTURE OF IMAGE: EXISTENTIAL SPACE IN CINEMA", HELSINKI 2001; „ALVAR AALTO: VILLA MAIREA", HELSINKI 1998.

BORN 1936, ARCHITECT AND PROFESSOR, LIVES IN HELSINKI. PRACTICING SINCE THE EARLY SIXTIES. IN 1983 HE FOUNDED HIS OWN PRACTICE CALLED PALLASMAA ARCHITECTS. TAUGHT AT UNIVERSITIES IN EUROPE, THE AMERICAS, AFRICA AND ASIA. NUMEROUS PUBLICATIONS IN TWENTY LANGUAGES, E.G. 'ARCHITECTURAL ESSAYS', HELSINKI 2005; 'SENSUOUS MINIMALISM', BEIJING 2002; 'THE ARCHITECTURE OF IMAGE: EXISTENTIAL SPACE IN CINEMA', HELSINKI 2001; 'ALVAR AALTO: VILLA MAIREA', HELSINKI 1998.

Die Macht des Ortes

Wir tendieren dazu, die Macht eines Ortes, der vorherrschenden Landschaft, und der weiteren physischen Bedingungen, durch die der Charakter, das Verhalten und die Gedanken eines Menschen geformt werden, zu unterschätzen. Kulturgeograf Peirce F. Lewis äußert im Vorwort zu „The Interpretation of Ordinary Landscape" jedoch eine gegenteilige Ansicht: „Die Landschaft der Menschen ist unsere Autobiografie; sie spiegelt unseren Geschmack, unsere Werte, unsere Sehnsüchte und sogar unsere Ängste wider; macht sie greif- und sichtbar. Wir sehen Landschaft meistens nicht in diesem Licht. Genau deshalb sind die kulturellen Aufzeichnungen, die wir in ihr niederschreiben, oft wahrheitsgemäßer als die meisten Autobiografien, weil wir uns der Tatsache, dass wir uns selbst beschreiben, gar nicht bewusst sind."[1]

Joseph Brodsky, Nobelpreisträger für Literatur, liefert uns eine überraschend parallele Formulierung über die gegenseitige Abhängigkeit unseres Verstandes und der Kulissen, die wir für uns errichten. „Wie der Allmächtige schaffen wir alles als unser Abbild, weil wir kein verlässlicheres Modell haben; die Objekte, die wir schaffen, geben mehr über uns preis als Glaubensbezeugungen."[2]

Der existenzielle Nährboden

Ich glaube nicht, dass unsere architektonischen Vorstellungen und Formen nur auf subjektiven Auswahlmöglichkeiten oder auf ästhetischen Präferenzen beruhen. Architektur ist in der menschlichen Existenz zu wichtig für ein so seichtes Fundament. Meiner Ansicht nach ist Architektur in unserer Existenz fest verankert und drückt wesentliche existenzielle Erfahrungen aus. Sie ist die komplexe Kondensation der Erfahrung, wie es ist, als menschliches Wesen auf dieser Welt zu leben. Architektur schafft die Basis und die Rahmenbedingungen für unsere Existenz und bietet spezifische Horizonte der Wahrnehmung, des Verständnisses und der Identität.

Die primäre Bedingung für Architektur ist die Begegnung mit der Natur, der Landschaft und dem zeitlichen Kontinuum. Architektur findet im Kontext von Landschaft statt, sowohl natürlicher als auch künstlich geschaffener Landschaft, aber auch in einem Dialog mit der Geschichte. Architektur bezieht ihre Bedeutung aus diesem Rahmenwerk und dieser Dialektik.

The power of place

We tend to underestimate the power of place, the prevailing landscape, and other physical conditions on the formation of human character, behaviour and thought. Peirce F. Lewis, cultural geographer, however, expresses the opposite view in his preface to 'The Interpretation of Ordinary Landscapes': 'Our human landscape is our autobiography, reflecting our tastes, our values, our aspirations, and even our fears, in tangible, visible form. We rarely think of landscape that way, and so the cultural record we have written in the landscape is liable to be more truthful than most autobiographies because we are less self-conscious about how we describe ourselves.'[1]

The Nobel poet Joseph Brodsky gives a surprisingly parallel formulation on the interdependence of our mind and the settings we build for ourselves. 'Like the Almighty, we also make everything in our own image, because we lack a more reliable model; the objects we make reveal more about us than confessions of faith.'[2]

Existential ground

I do not believe that our architectural notions and forms arise from mere subjective choices, or preferences in aesthetic tastes. Architecture is too important for human existence to have such a shallow grounding. In my view, architecture is existentially rooted, and it expresses fundamental existential experiences, the complex condensation of how it feels to be a human being in this world. Architecture grounds and frames existence and creates specific horizons of perception, understanding, and identity.

The primary condition of architecture is the encounter with nature, landscape, and the continuum of time. Architecture takes place in the context of landscape, both natural and man-made, but it is also in a dialogue with history. Architecture acquires its very meaning from this framing and dialectics.

Town and forest

We can argue that the architecture of the traditional urban centres of Europe has largely developed as a response to the immemorial man-made geometry of towns and cities, whereas Nordic architecture continues to be predominantly a response to the natural landscape. I want to suggest further, that the differences in

Stadt und Wald

Man kann argumentieren, dass die Architektur der traditionellen urbanen Zentren in Europa sich hauptsächlich als Reaktion auf die uralte, künstlich geschaffene Geometrie von Städten entwickelt hat, während die nordische Architektur weiterhin eine Reaktion auf die natürliche Landschaft darstellt. Ich schlage weiters vor, dass die Unterschiede in diesen primären Kontexten schlussendlich zu unterschiedlichen Sensibilitäten in Bezug auf Geometrie, Form und Raum geführt haben. Diese beiden polaren Landschaftsmodi haben auch unterschiedliche mentale Welten zur Folge, jenseits von rein ästhetischen Präferenzen.

Edward T. Hall, ein Pionier des Studiums von kulturellem und persönlichem Raum, hat aufgezeigt, dass die menschliche Nutzung von Raum kulturell konditioniert ist. Während ein Franzose seine Umwelt auf Basis eines strahlenförmigen Musters organisiert, das beim nationalen Straßennetzwerk und Schulsystem beginnt und in der Nutzung des persönlichen Raums endet, ist die unbewusste Raumgeometrie eines Amerikaners in einem rechteckigen, gitterförmigen Grundriss angeordnet, der sich in all seinen räumlichen Aktivitäten und Maßstäben zu gleichen Teilen widerspiegelt. Hall zufolge denken die meisten Menschen, dass es keine Verbindung zwischen solchen Verhaltensaspekten geben kann. Als Anthropologe möchte er seinen Lesern jedoch versichern, dass die menschliche Strukturierung von physischem und mentalem Raum auf den gleichen Prinzipien beruht – beide spiegeln unbewusste Systeme einer kulturspezifischen Raumstrukturierung wider.[3]

Die Geometrie des Waldes

Finnland ist europaweit das Land mit der prozentuell größten Waldfläche. Ich glaube, dass die finnische Architektur diese starke Bewaldung widerspiegelt; man könnte sogar von einer „Waldgeometrie" im Gegensatz zur „Stadtgeometrie" sprechen. Diese vielgestaltige, polyrhythmische Architektur bevorzugt reiche Oberflächenstrukturen, taktile Erfahrungen, verschwommene Konturen und die dichte Abwechslung von Licht und Schatten. Der Waldzustand betont die multisensorische Natur der Erfahrung und schafft eine taktile Intimität. Der Wald ist eine Landschaft, in der Geräusche, sinnliche Erfahrungen, muskuläre und skelettartige Bilderwelten der Bewegung, der Gerüche und Geschmackseindrücke einen Gegenpol zu der in westlichen urbanen Kulturen vorherrschenden Dominanz des Visuellen bilden. Alvar Aaltos Meisterwerke veranschaulichen diese „Architektur des Waldes" am besten, jedoch zieht sich das Thema Wald auch durch die heutige finnische Architektur.

Der Einfluss des Waldes ist gleichermaßen in den Motiven der finnischen Literatur, Malerei und Musik erkennbar: In der finnischen Literatur findet man eine klare „Poesie des Waldes"; und Jean Sibelius hat die „Musik des Waldes" in seinen naturalistischen Kompositionen eingefangen. Die Parallelen der Waldthemen und -strukturen in der Musik von Sibelius und der Architektur von Aalto wurden übrigens von Dr. Sarah Menin von der Universität Newcastle analysiert.[4]

Die unbewusste periphere Wahrnehmung ist wesentlich für die Erfahrung von Interiorität, Intimität und Fühlbarkeit. Der Wald umgibt uns und liefert so die größtmögliche Anzahl peripherer Stimuli. Der alles umhüllende, taktile und beruhigende Charakter von Alvar Aaltos Innenräumen ergibt sich beispielsweise aus einer Fülle an peripheren Stimuli, ähnlich der Erfahrung des Waldraumes.

Der Wald der Seele

Eine Landschaft erwirbt mit der Zeit symbolische Inhalte und Bedeutungen. Der Wald mit seinen mythologischen und imaginären Qualitäten und seinen mythischen Bewohnern nimmt eine zentrale Stellung in der finnischen Psyche ein – man könnte auch vom „Wald der finnischen Seele" sprechen. Während die Mitteleuropäer dazu neigen, den Wald als Bedrohung zu sehen, symbolisiert der Wald für uns die willkommene Möglichkeit einer Rückkehr in den sicheren Schoß der Natur. Während Südeuropäer aus dem Wald fliehen, bringen wir uns im Wald in Sicherheit.

Die finnische Psychologin und Therapeutin Pirkko Siltala schreibt wie folgt über die Wechselbeziehung zwischen der finnischen Mentalität und dem Wald: „Die Menschen internalisieren ihre externe Umgebung, wie den Wald, in Form einer inneren Seelenlandschaft, ein Wald der Seele … Auf Finnisch spricht man vom ‚Busen des Waldes', der ‚Umarmung des Waldes', dem ‚Schoß des Waldes', dem ‚Leib des Waldes', dem ‚Herzen des Waldes'. Der Wald ist für uns wie der Körper unseres Vaters oder unserer Mutter. Die Ur-Reaktion des Körpers, die Sprache der Sinne, wird in der Umarmung unserer Mutter und der des Waldes geweckt. Gleichzeitig legen wir dem Wald unsere innersten Gedanken, Gefühle, Leidenschaften, Ängste, erotischen Phantasien und Wünsche offen."[5] In dieser Darstellung der Psychoanalytikerin wird eine starke Identifizierung zwischen Wald und Waldbewohnern offenkundig, die sich naturgemäß auch in der Architektur widerspiegeln muss.

these primary contexts have eventually developed different sensibilities in terms of geometry, form and space. Beyond mere aesthetic preferences, these two polar modes of landscape also give rise to differences in respective mental worlds.

Edward T. Hall, a pioneer in the study of cultural and personal space, has shown that human utilization of space is culturally conditioned. Whereas a Frenchman organizes his environment from the scale of the national road network and school system to the utilization of personal space, on the basis of a radial pattern, the unconscious geometry of space for an American is a rectangular gridiron pattern, which is reflected equally in all his spatial activities and scales. Hall assumes that most people are inclined to think that such distant aspects of behaviour cannot be inter-connected. But as an anthropologist he wants to assure his readers that man's structuring of physical and mental space follows the same principles, and they both reflect unconscious systems of spatial structuring characteristic to the culture in question.[3]

Geometry of the forest

Finland is the European country that has the largest percentage of her land area covered by forests. Finnish architecture, I believe, reflects this forest condition; we could even speak of a particular 'forest geometry' as opposed to the 'geometry of towns'. This multiform and polyrhythmic architecture tends to prefer rich textures, tactile sensations, hazy edges and a dense alternation of light and shadow. The forest condition emphasizes the multi-sensory nature of experience and brings forth a tactile intimacy. The forest is clearly a landscape, where sounds, tactile experiences, muscular and sceletal imageries of motion, smells and suggestions of taste balance the dominance of vision characteristic to western urban cultures. Alvar Aalto's masterpieces exemplify this 'architecture of the forest', but forest themes can be traced in today's architecture as well.

The impact of the forest can be equally clearly distinguished in the motifs of Finnish literature, painting and music; one can identify a distinct 'forest poetry' in Finnish literature, as well as a 'music of the forest' which is exemplified by the naturalistic air of Jean Sibelius' music. Dr. Sarah Menin of the University of Newcastle has, in fact, analyzed the similarities of forest themes and textures in the music of Sibelius and Aalto's architecture.[4]

Unconscious peripheral vision is essential for the experiences of interiority, intimacy and tactility, and the forest envelops us, providing thus maximum amount of peripheral stimuli. The enveloping tactile and soothing character of Alvar Aalto's interior spaces, for instance, arises from the wealth of peripheral stimuli akin to the experience of forest space.

The forest of the soul

Landscape acquires symbolic content and significance. The forest, with its mythological and imaginary qualities and mythical inhabitants, has a central position in the Finnish psyche; we could speak of the forest of the Finnish soul. Whereas Central Europeans tend to regard forest as a threat, for us the forest symbolizes a pleasurable return to the safe womb of nature. Whereas southern Europeans flee from the forest, we escape a threat into the forest.

The Finnish psychologist and therapist Pirkko Siltala has written about the interrelationship between the Finnish mentality and the forest as follows: 'Man internalizes his external surroundings, for instance the forest, as an internal landscape of the soul, a forest of the soul … In Finnish we speak of the 'bosom of the forest', the 'embrace of the forest', the 'lap of the forest', the 'womb of the forest', the 'heart of the forest'. We feel the forest is like our father's or mother's body. The primal response of the body, the language of the senses, is brought to life in both the mother's and the forest's embrace. But then we also externalize our internal thoughts, feelings, passions, fears, erotic fantasies and desires into the forest.'[5] This view of a psychoanalyst speaks of a strong identity and sameness between the forest and the forest dweller, and it is bound to be reflected in architecture.

Nordic identities

It is easy for an outsider to observe that nature has an essential significance for the Nordic sensibility. Regardless of actual religious denominations, or their absence, a pantheistic attitude towards nature, deriving from the world view of the peasant, the hunter and the fisherman, seems to prevail in our country. The connection to nature maintains a multi-sensory relation to the world. Architecture of the industrial world is dominated by the sense of vision, but in Nordic architecture the haptic domain is still present, which helps to create an atmosphere of warmth and intimacy. Urban people enjoy nature visually as an object of beauty, whereas we seek to inhabit the landscape.

In Finland one can sense a continued development of architecture in which one historical phase has turned into the next without disruption, or conflict. In our

Nordische Identitäten

Es ist für Außenstehende klar ersichtlich, dass Natur eine wesentliche Rolle in der nordischen Gefühlswelt einnimmt. Unabhängig von religiösen Überzeugungen – oder ihrer Absenz – hat unser Land eine pantheistische Haltung gegenüber der Natur, die auf der Weltanschauung des Bauern, Jägers oder Fischers beruht. Die Verbindung zur Natur hat vielerlei sensorische Auswirkungen auf unsere Welt. Die Architektur der industrialisierten Welt wird vom Sehsinn dominiert. In der nordischen Architektur hingegen ist der haptische Bereich noch immer präsent und schafft eine warme, intime Atmosphäre. Urbane Menschen genießen die Natur auf einer visuellen Ebene, als Objekt der Schönheit, während wir danach trachten, die Landschaft zu bewohnen.

In Finnland ist eine kontinuierliche Entwicklung von Architektur spürbar, in der eine historische Phase in die nächste übergeht, ohne dass es zu Brüchen oder Konflikten kommt. Die bäuerliche, zeitlose Ästhetik des Notwendigen und das Ideal der „edlen Armut" sind unbemerkt in die modernistische Ästhetik der Zurückhaltung übergegangen. Einfachheit ist mehr eine ethische Einstellung als eine stilistische Präferenz.

Vereinigung versus Differenzierung

Architektur findet an der Schnittstelle von Tradition und Innovation, Konvention und Einzigartigkeit, Kollektivität und Individualität, Vergangenheit und Gegenwart statt. In den nordischen Ländern ist die Architektur, besonders die der Moderne, vielleicht stärker in der gesellschaftlichen Realität verankert, als das in anderen Teilen der Welt der Fall ist. Architektur hat bei uns eine klare gesellschaftliche Mission. Die Kunst des Bauens wird als Weg zur gesellschaftlichen Bejahung und Vermittlung anstatt zur Trennung und Opposition gesehen. Architektur ist so Ausdruck von Vereinigung anstelle von Differenzierung und gesellschaftlicher Distanz.

Die ethnische, kulturelle und soziale Homogenität der nordischen Länder und der lange Zeitraum ununterbrochener sozialer und wirtschaftlicher Entwicklung haben ein starkes Gefühl der Solidarität geschaffen. Tief greifende soziale Konflikte scheinen in diesem kulturellen Kontext nahezu undenkbar. Diese Gesellschaften sind in einem starken Zusammengehörigkeitsgefühl und in gemeinsamen Interessen und Sehnsüchten verwoben. All das spiegelt sich in der Architektur wider und verleiht dieser ein Gefühl der Stabilität.

Obwohl man sehr wohl von einer gesamt-nordischen Sensibilität, zum Beispiel im Gegensatz zu zentraleuropäischen oder mediterranen Charakteristika, sprechen kann, muss betont werden, dass es auch innerhalb der nordischen Kulturen klare Unterschiede gibt. Es ist ein Beweis für die formative Macht von Kultur, dass die Architektur in jedem einzelnen nordischen Land eine unverwechselbare Identität aufweist. Diese architektonischen Unterschiede sind ebenso klar erkennbar wie die Gemeinsamkeiten, obgleich es schwierig ist, sie verbal zu beschreiben und zu analysieren.

Es ist in der Tat außerordentlich schwierig, in Worte zu fassen, inwiefern sich ein dänisches Gebäude von einem finnischen Gebäude unterscheidet, aber die Unterschiede sind trotzdem auf den ersten Blick erkennbar. Doch scheint das Medium Sprache nicht artikulierfähig genug zu sein, um verkörperte Phänomene, wie Umwelt und Kultur, hinreichend zu beschreiben. Genau diese verkörperten Phänomene werden jedoch von Architektur und Kunst synthetisiert. Architektur und Städtebau sind Materialisierungen ganzer Kulturen und beinhalten mehr Botschaften, als man jemals in Worte fassen könnte. Kulturen weben ein endloses Netz bewusster und unbewusster Verhaltensweisen, kollektiver Antworten, Werte und Bilder, die sich dann in Kunstwerken und architektonischen Produkten wieder finden.

Das Nordlicht

Vor einigen Jahren hatte ich Gelegenheit, eine Ausstellung nordischer Malerei um die Jahrhundertwende mit dem Titel „Das Nordlicht" im Reina Sofia Museum in Madrid zu besuchen. Die Bilder waren geschickt nach Themen gruppiert, unabhängig von ihrem Ursprungsland. Ich war beeindruckt von der Uniformität der Gefühle, die sich in den Werken widerspiegelten: Szenen mit menschlichen Figuren in weiten Landschaften, dunkle Dämmerungen, das Gefühl von Demut und Stille und ein deutlicher melancholischer Unterton. Ich spürte eine mir vertraute Stille, Sachlichkeit, Nüchternheit und ein greifbares Gefühl für Realität. Es gab in dieser Welt der Einsamkeit und Stille keine Diskrepanz zwischen dem äußeren Schein und der Essenz. Der einheitliche Charakter der nordischen Sensibilität wurde durch die Schärfe des südlichen Lichtes und die Hektik des städtischen Lebens in Spanien noch verstärkt hervorgehoben. Bis zu diesem Zeitpunkt des direkten Vergleichs zwischen nordischer Malerei und spanischer urbaner Realität war mir die Einheitlichkeit der nordischen Kultur noch nie so richtig klar geworden.

Man weiß, dass die Merkmale unseres kindlichen Umfelds unsere Sensibilitäten gegenüber Raum, Maßstab, Material und Licht in vielerlei Hinsicht prägen. In einem Land, in dem Licht etwas Kostbares ist, wird

culture the timeless aesthetics of necessity of the peasant and the ideal of 'noble poverty' have unnoticeably turned into the modernist aesthetics of restraint. Simplicity is more an ethical attitude than a stylistic preference.

Unification versus differentiation

Architecture takes place at the intersection of tradition and innovation, convention and uniqueness, collectivity and individuality, past and present. In the Nordic countries architecture – and particularly modernity – has become rooted in the societal reality more firmly, perhaps, than in other parts of the world, and architecture seems to have a determined social mission. The art of building is seen and used as a means of societal reaffirmation and mediation rather than of separation, or opposition. And architecture is a means of unification rather than differentiation and social distance.

The ethnic, cultural and social homogeneity of each one of the Nordic countries, as well as the long period of undisrupted social and economic development have created a sense of solidarity. A major social conflict appears unthinkable in this cultural context. The societies have been woven into a tight fabric of togetherness and shared interests and aspirations. Again, all this is bound to be reflected in architecture and give it a sense of stability.

A Nordic sensibility is certainly recognizable from, say, the central-European or the Mediterranean character, but at the same time, there are clear differences within Nordic cultures. It is a proof of the guiding power of culture, that regardless of the apparently common cultural ground, architecture in each Nordic country has an unfailing identity. The differences are as distinct as the similarities although these differences in architectural character are very difficult to describe and analyze verbally.

It is very difficult, indeed, to explain by words how a Danish building, for instance, differs from a Finnish building, but the difference is recognizable at first sight. Simply, language does not seem to be an articulate enough medium to describe embodied phenomena, such as environment and culture. Such embodied phenomena, however, are synthesized by architecture and arts. Architecture and cities are materializations of entire cultures and they contain more messages than can ever be told in words. Culture weaves together an endless array of conscious and unconscious behavioural features, collective responses, values and images, and these are materialized in artefacts and architecture.

The northern lights

Some years ago, I had the opportunity of seeing an exhibition of Nordic painting of the turn of the century entitled 'The Northern Light' at the Reina Sofia Museum in Madrid. The paintings were cleverly hung thematically irrespective of their country of origin. I was struck by the uniformity of feeling that the works were steeped in; scenes of human figures in landscapes, dim dusk and twilight, a sensation of humility and silence, and a distinct sense of melancholy. I perceived a familiar silence, matter-of-factness, sobriety, and a tangible sense of reality. There was no discrepancy between appearances and essences in this world of solitude and tranquility. The unified nature of the Nordic sensibility was revealed by the sharpness of the southern light and the urbane bustle of Spanish life. I had not understood the unity of Nordic culture quite so clearly before experiencing this encounter of Nordic paintings and the Spanish urban reality.

It is evident that characteristics of the environment of our childhood tend to tune our sensibilities of space, scale, material, and light in particular ways. In a country where light is precious, and it may be made to enter a building also from below, reflected by water or snow, light becomes an essential quality of architecture.

Landscape, climate and the cyclic rhythms of seasons mould human character. And, no doubt, even the senses are tuned for particular nuances by one's childhood environment. We experience places and landscapes through the memory of our childhood world, and the structuring and utilization of space is guided by the unconscious geometries of our mother tongue.

Lyrical pragmatism

The peasant mode of life and a rural sense of propriety are still present in Finland, where a double-life and split-personality, suspended between the rural and urban modes of life, is almost obsessive. In the summertime, most of us reject the comforts of technological urban life, and desire to regress back to the lifestyle of the primordial forest-dweller. During the short summer weeks at our summer huts we Finns have different personalities than during the long winter months in the cities. The summer is a period of distinct cultural regression.

The sense of societal purpose in Finnish architecture has given rise to an attitude of responsibility. This leads to an emphasis on the functional and technical practicalities over artistically autonomous, metaphysical

man etwa versuchen, es auch von unten in ein Gebäude eindringen zu lassen, zum Beispiel in Form seiner Spiegelung in Wasser oder Schnee. So wird das Licht zwangsläufig zum essenziellen architektonischen Faktor.

Landschaft, Klima und der zyklische Rhythmus der Jahreszeiten prägen den menschlichen Charakter. Zweifellos werden auch unsere Sinne durch unser kindliches Umfeld auf bestimmte Nuancen eingestellt. Wir erfahren Orte und Landschaften durch die Erinnerung an die Welt unserer Kindheit, und die Strukturierung und Nutzung von Raum wird durch die unbewussten Geometrien unserer Muttersprache geleitet.

Lyrischer Pragmatismus

Ein bäuerlicher Lebensstil und ein aus dem ländlichen Bereich stammendes Korrektheitsgefühl sind in Finnland nach wie vor spürbar. Der Balanceakt zwischen ländlicher und städtischer Lebensweise führt dazu, dass die Menschen nahezu besessen einer Art Doppelleben nachgehen und ihre Persönlichkeit dahingehend „spalten". Im Sommer, beispielsweise, verwerfen die meisten von uns die Vorteile des technologisierten städtischen Lebens und wünschen sich nichts mehr, als zum Lebensstil der Waldureinwohner zurückzukehren. In den kurzen Sommerwochen, die wir in unseren Hütten auf dem Land verbringen, haben wir Finnen eine andere Persönlichkeit als während der langen Wintermonate in den Städten. Im Sommer findet in Finnland eine ausgeprägte kulturelle Regression statt.

Das Gefühl einer gesellschaftlichen Zweckmäßigkeit, das die finnische Architektur kennzeichnet, hat zu einem verantwortungsvollen Umgang mit ihr geführt, und damit zu einer Bevorzugung von funktionalen und technischen Aspekten gegenüber künstlerisch autonomen, metaphysischen oder utopischen Zielsetzungen. Die nordischen Gesellschaften sind ihrer Tradition insofern treu geblieben, als die starke Verbindung mit der gesellschaftlichen Realität extreme individualistische und expressive Tendenzen unterdrückt. Mäßigung und Zurückhaltung werden nicht nur im gesellschaftlichen Verhalten, sondern auch in Kunst, Design und Architektur als Vorzüge betrachtet. Gemeinsam mit der starken Verbindung zur Natur und einem unprätentiösen Sinn für das Praktische entsteht so eine Architektur des lyrischen Pragmatismus im Gegensatz zu der rationalisierten, ästhetisierten Architektur von urbanen Kulturen.

Die Konsumgesellschaft als Bedrohung

In der heutigen Konsumgesellschaft sehen wir eine ständige Bedrohung der Architektur als authentische Kunstform. Wenn die Architektur ihre existenzielle Aufrichtigkeit verliert, läuft sie Gefahr, zu einem bloßen Nutzwert zu verkommen – Kommodität, Handelsware und Unterhaltungsprogramm. Diese Bedrohung zeichnet sich heute auch in unserem Land ab. Auch in Finnland wird die Form von Architektur, die an einem Ort, in einer Tradition und in grundlegenden existenziellen Erfahrungen verankert ist, zunehmend von einer seichten Konzernarchitektur oder einem routinemäßigen, auf rein visuelle Konzepte reduzierten Pragmatismus verdrängt. Die Schwächung des Traditionsempfindens wird auch in der rapiden Ausweitung des universellen architektonischen Kitsches der Konsumgesellschaft offensichtlich – in der fremdartigen Souvenirarchitektur, die sowohl den Verlust eines authentischen Traditionsempfindens als auch die dramatisch ausgeweitete Mobilität von Menschen, Produkten, Stilen und Ideen verkörpert.

Die Vereinigung Europas wird von ihren Gegnern als Bedrohung von nationalen Identitäten und örtlichen Kulturen empfunden. Architektonische Besonderheiten entstehen auf Basis von Landschaften und zeitlosen Tiefenstrukturen des Lebens und weniger aus den offensichtlichen Merkmalen von Nationalstaaten. Die Fähigkeit von Kulturen, ihre charakteristischen Merkmale beizubehalten, ist jedenfalls erstaunlich, und eine aktive Interaktion kann für die Identität einer Kultur kaum eine Bedrohung darstellen. Man könnte sogar sagen, dass die dynamische Entwicklung von Kulturen sich eher aus einer aktiven Interaktion als aus isolationistischen Bestrebungen ergibt. Die Dominanz des Materialismus und die Eliminierung der spirituellen Dimensionen des Lebens führen jedoch zu einer kulturellen Erosion, die uns von innen aushöhlt, und die auch für die entschlossenste Bastion der modernen Tradition im Norden bald desaströse Folgen haben könnte.

[1] Peirce F. Lewis, Axioms for Researching the Landscape, in: D. W. Meining (Hg.), The Interpretation of Ordinary Landscapes: Geographical Essays, Oxford University Press, New York 1979, S. 12.
[2] Joseph Brodsky, Watermark, Doubleday, London 1990, S. 61.
[3] Edward T. Hall, The Hidden Dimension, Doubleday, London 1990.
[4] Sarah Menin, Relating the Past: Sibelius, Aalto and the Profound Logos, unveröffentlichte Dissertation, University of Newcastle, 1997.
[5] Pirkko Siltala, Metsän turvallisuus (Die Sicherheit des Waldes), Silva Fennica, Helsinki, Bd. 21 Nr. 4, 1987, S. 405–413.

or utopian aspirations. Nordic societies are tradition-bound in the sense that the strong connection to societal reality seems to suppress extreme individualistic and expressive tendencies. Moderation, temperance and reservedness are regarded as virtues in social behaviour, as well as art, design and architecture. The combined attachment to nature and unpretentious practicality gives rise to an architecture of lyrical pragmatism in opposition to the rationalized and aestheticized architecture of urban cultures.

The threat of consumerism

In the entire consumer world today, architecture has become threatened as an authentic art form. As architecture loses its existential sincerity, it is in danger of becoming mere utility and commodity, merchandise and entertainment. Today, this threat is clearly visible also in our country. A shallow corporate architecture or routine pragmatism, reduced to mere visual imagery, is also in our country replacing architecture that is rooted in place, tradition and fundamental existential experiences. A weakening of the sense of tradition is apparent in the rapid expansion of the universal architectural kitsch of consumerism, and the alien souvenir architecture, which reflects both the loss of a sense of authentic tradition and the dramatically expanded mobility of people, products, styles and ideas.

The unification of Europe has been seen by its opponents as a threat to national identities and local cultures. Architectural specificity arises from landscape and the ageless deep structures of life rather than overt characteristics of nation states. The power of cultures to maintain their characteristics is, however, amazing, and an active interaction can hardly pose a threat to the identity of culture. On the contrary, a dynamic development of cultures arises from active interaction rather than isolationist attitudes. But the domination of materialism, and the elimination of the spiritual dimensions of life, represent a form of cultural erosion from within, and it may have quick and disastrous consequences even in the most determined stronghold of the modern tradition in the North.

[1] Peirce F. Lewis, Axioms for Researching the Landscape, in: D. W. Meining (editor), The Interpretation of Ordinary Landscapes: Geographical Essays, Oxford University Press, New York 1979, p. 12.
[2] Joseph Brodsky, Watermark, Doubleday, London 1990, p. 61.
[3] Edward T. Hall, The Hidden Dimension, Doubleday, London 1990.
[4] Sarah Menin, Relating the Past: Sibelius, Aalto and the Profound Logos, unpublished PhD thesis, University of Newcastle, 1997.
[5] Pirkko Siltala, 'Metsän turvallisuus' (The security of the forest), Silva Fennica, Helsinki, Vol. 21 Nr. 4, 1987, p. 405–413.

JUHANI PALLASMAA, ARCHITECTURAL OBJECT, PATINATED CAST BRONZE

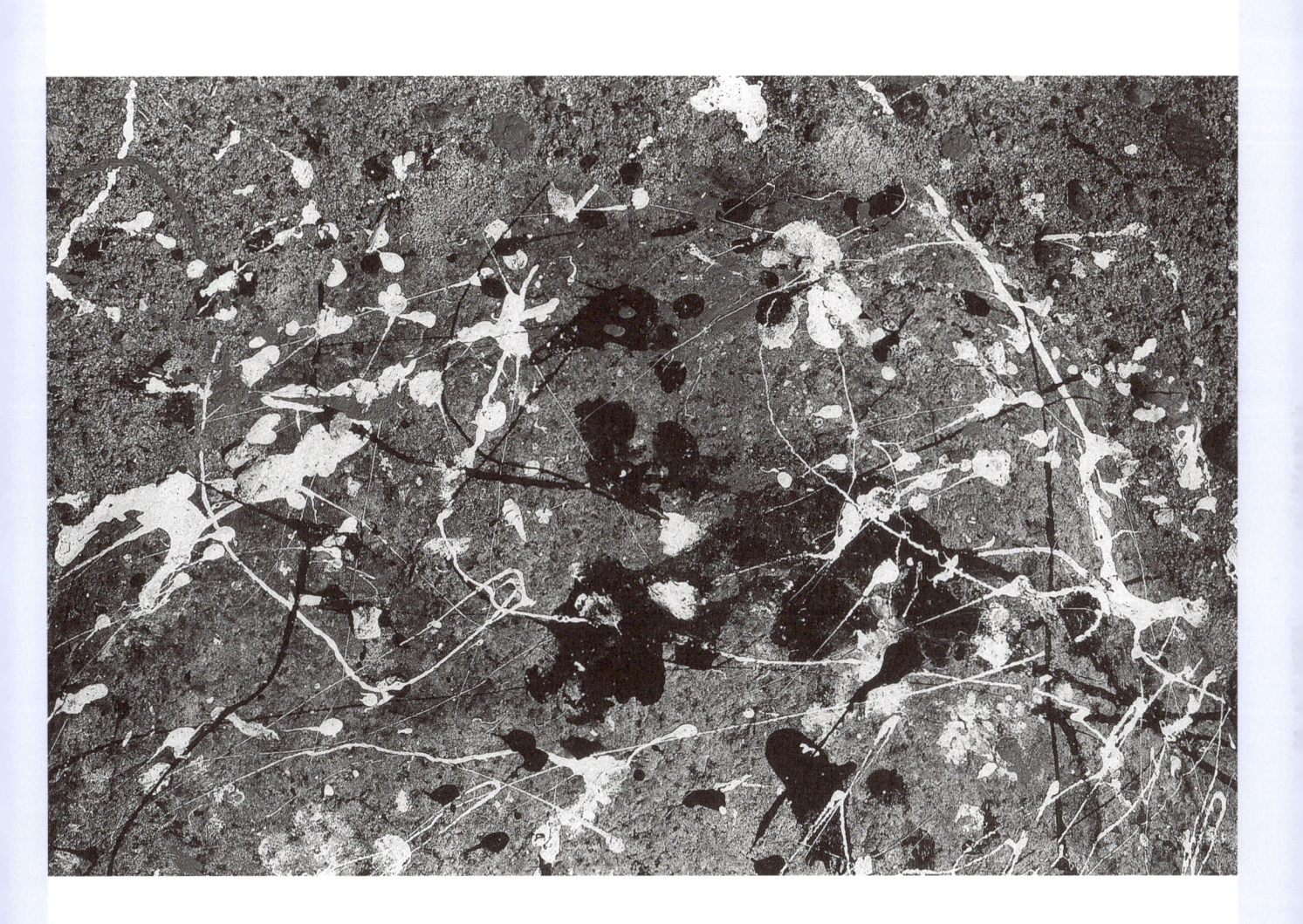

DETAIL OF THE ROCK SURFACES OF THE ISLAND OF HAILUOTO'S HARBOUR ON WHICH TRADITIONALLY THE FISHING BOATS ARE PAINTED

EDIFICIOS EM NOME DE DEUS –
GEBÄUDE IM NAMEN GOTTES
EDIFICIOS EM NOME DE DEUS –
BUILDINGS IN THE NAME OF GOD

JOSÉ FERNANDO GONÇALVES

GEBOREN 1963, ARCHITEKT, LEBT IN PORTO. 1987–1988 ZUSAMMENARBEIT MIT JOSÉ PAULO SANTOS UND 1989–1992 MIT EDUARDO SOUTO MOURA. GRADUIERTE AN DER UPC VON BARCELONA, DERZEIT LEHRTÄTIGKEIT UND EIGENES BÜRO. GONÇALVES ZÄHLT ZU DER „3. GENERATION" JUNGER PORTUGIESISCHER ARCHITEKTEN MIT INTERNATIONALER REPUTATION.

BORN 1963, ARCHITECT, LIVES IN PORTO. 1987–1988 COLLABORATION WITH JOSÉ PAULO SANTOS, 1989–1992 WITH EDUARDO SOUTO MOURA. GRADUATION AT THE UPC OF BARCELONA; CURRENTLY VARIOUS TEACHING ACTIVITIES AND OWN PRACTICE. GONÇALVES IS COUNTED AMONG THE '3RD GENERATION' OF YOUNG PORTUGUESE ARCHITECTS WITH INTERNATIONAL REPUTATION.

→

In meinem bisherigen Leben gab es zwei oder drei entscheidende Ereignisse, die mich sowohl persönlich als auch beruflich beeinflussten. Kurioserweise trafen diese Ereignisse zeitlich mit Aufträgen für religiöse Gebäude zusammen. Diese Projekte haben alle gemeinsam, dass sie einen Wunsch ausdrücken, die Beziehung zwischen dem Menschen und dem „unerklärlichen" Raum zu zeigen.

In diesen Momenten und Orten stellt das Privileg zu bauen eine Möglichkeit dar, einen Weg zu zeigen, die Formen dieser Beziehung zu verstehen und zu ordnen, indem ein Raum für diesen Dialog geschaffen wird, der durch Licht und die Beständigkeit und konstruktive Einfachheit der Materialien gestaltet wird.

Obgleich, wie Peter Zumthor sagt, eine Architektur nie poetisch ist, hoffe ich, dass, für einige zumindest, die Gestalt dieser Gebäude ein Mittel sein kann, die Möglichkeiten dieses Weges zu verstehen.

Capelas Mortuárias, Oliveira do Douro

Die Gedenk- bzw. Friedhofskapellen befinden sich in der Alameda de Stª Eulália, gegenüber dem Friedhof. Die Beschaffenheit des Grundstückes und die ohne Regeln wachsende Umgebung erfordern einen ordnenden architektonischen Bezugspunkt, der die Erhabenheit der Zufahrtsstraße zur Kirche verstärkt und einer Zersiedlung des umliegenden Gebiets entgegenwirkt.

Aus diesem Grund haben wir drei Volumen, verbunden durch eine Mauer, parallel zur Straße angeordnet: eine große Kapelle und zwei kleinere Gedenkkapellen, die über eine Galerie, die auch als Aufenthaltsbereich dient, erschlossen werden. Hier kommen ebenso der Eingang und die Servicebereiche zusammen. Der Zugang liegt auf einer Linie mit dem Friedhofseingang.

Außen werden symbolische Bezüge, entgegengesetzt denen des nahen Friedhofs, hergestellt: Eine Grünfläche bildet einen Kontrast zu dem kargen Fußbodenbelag und den Marmorplatten; dem eingefassten Friedhof wird ein offener Raum gegenübergestellt, in dem der symbolische Charakter des Lichtes bestimmend ist: Die Oberlichter korrespondieren mit den Öffnungen im Fußboden.

In der Konstruktion entfaltet die Einfachheit der Materialien ein religiöses Moment: In der Hauptkapelle und in der Galerie sind Wände und Decken aus nacktem Beton, in den Erschließungsflächen ist der Fußboden aus Holz und Stein.

→

So far there have been two or three events in my life that had both a personal and professional impact on me. Interestingly both events happened at the same time as I was commissioned with the design of religious buildings. These projects share the feature of expressing a desire to show the relationship between man and the 'inexplicable space'.

In these moments and places, the privilege to build is a chance to show a way of understanding and organizing the forms of this relationship by creating a space for this dialogue determined by light, consistency and the structural simplicity of the material.

Despite the fact that, as Peter Zumthor states, architecture is never poetic, I hope that, at least for some, the design of these buildings can be a means of helping to understand the possibilities of this direction.

Capelas Mortuárias, Oliveira do Douro

The memorial or cemetery chapels are in Alameda de Stª Eulália, opposite the cemetery. The site conditions and surrounding uncontrolled development require an architectural point of orientation, conferring some order. It also highlights the higher level of the access road to the church and counteracts the urban sprawl of the surroundings.

We therefore connected three volumes by means of a wall running parallel to the street: a large chapel and two smaller memorial chapels which are accessed via a gallery that also serves as a lounge. At this point, entrance and service areas also come together. The access is in line with the access to the cemetery.

On the outside, symbolic relations are created, contrasting those of the nearby cemetery: a green area offers a contrast to the scant flooring and the marble slabs. The bounded cemetery is counterbalanced by an open space, the symbolic character of the light being the determining factor. Ceiling lights correspond with openings in the floor.

Regarding the structure, the simplicity of the material unfolds in a religious moment: walls and ceilings in the main chapel and gallery are made of bare concrete, the floor in the access areas is of wood and stone.

We used Roman Travertine in the memorial chapels, and the internal walls are clad with the same wood used for the flooring. Roofs and entrance doors are made of copper.

In den Gedenkkapellen wurde römischer Travertin verwendet und die Innenwände sind mit dem gleichen Holz verkleidet wie der Fußboden. Die Dächer und Eingangstüren sind aus Kupfer.

Casa dos Escuteiros – Pfadfinderhaus, Oliveira do Douro

Das Gebäude ist eine Erweiterung des bereits bestehenden Pfadfinderhauses und befindet sich am Ende eines Weges, der durch einen Baumhain der Kirchengemeinde führt. Die Besonderheit des Grundstückes, das auf einem niedrigeren Niveau als der Hof liegt, ist die Existenz dieses Baumhains und des bereits bestehenden Gebäudes, das eine Beziehung zu dem kleinen Tal im Norden herstellt, das in Richtung des Flusses Douro abfällt.

Das Raumprogramm der Gebäudeerweiterung umfasst die doppelte Fläche des alten Hauses. Die von uns vorgeschlagene Positionierung des neuen Gebäudes im Norden des Grundstückes hat auf Grund des Höhenunterschiedes zwischen der alten Plattform und dem Terrain den Vorteil, dass das gewünschte Programm in nur einem Geschoss untergebracht werden kann und somit eine nahezu totale Integration der Konstruktion in den Außenraum erlaubt.

Der neue, horizontale Quader ist nur von Norden und Westen sichtbar, vom Hof der Kirche aus sieht man lediglich den Kies des Daches. Trotz des Zugangs über eine Treppe beginnend vom Niveau des bestehenden Hauses im Süden konzentrieren sich alle Beziehungen des Neubaus mit dem Außenraum auf die Nordostseite, auf der sich der Zugang zum Gemeindezentrum und der Sportplatz befinden werden.

Das Programm gliedert sich in vier Räume, die entlang einer Außengalerie angeordnet sind, welche mit dem Zugang im Süden und der Rampe im Osten verbunden ist. Zwischen den Räumen führt eine Treppe in das Untergeschoss ab, in dem sich die nötigen Servicebereiche, ein kleiner Lagerraum und eine Toilette mit Außenzugang befinden.

Capela de S. José Quebrantões, Oliveira do Douro

Das Grundstück hat die Form eines Trapezes, dessen Grenzen im Osten und Norden des Grundstücks die Bahnlinie beziehungsweise die Avenida Joäo XXI bilden.

Der Hauptzugang über die Rua Alfredo Faria Magalhães wird durch das Atrium organisiert, das die Kapelle mit den Servicebereichen verbindet: Gedenkkapelle, Serviceräume und Parkplatz im Süden.

Die Kapelle befindet sich in der Verlängerung des Atriums und ist axial organisiert. Die Dreiteilung der Struktur korrespondiert mit den verschiedenen formalen Bereichen und zeigt sich in der jeweiligen Höhe der Räume: An den Eingangsbereich gliedern sich eine kleine Gedenkkapelle und ein Weihwasserbecken; in der Mitte befindet sich das Kirchenschiff mit einer größeren Raumhöhe; das Ende bildet der Altarbereich mit angegliedertem Lichthof über die gesamte Breite.

Der Servicebereich der Kapelle, mit Mehrzweckraum und Lehrräumen für den Religionsunterricht, befindet sich im Osten des Grundstücks und gruppiert sich um einen Innenhof. Er hat einen autonomen Zugang über die Seitenstraße.

Bei der Konstruktion wurden drei Materialien verwendet: Die Wände und Fundamente sind aus Stahlbeton, die Dächer sind mit einer Holzschale versehen und werden ebenso von Holzbalken getragen, die Fußböden sind aus Holz und Granit.

Casa dos Escuteiros – House of scouts, Oliveira do Douro

The building is the extension of an existing house for scouts, sitting at the end of a path that leads through a grove of trees belonging to the parish community. The grove of trees and the existing building make this site, which is also lower than the court, so special. The arrangement of buildings and features creates a relationship with the small valley to the north dropping toward the river Douro.

The space allocation plan for the extension covers twice the surface area of the old house. The advantage of the positioning of the new building to the north of the site, resulting from the difference in levels between old platform and terrain, is that the desired room plan can be housed on just one floor, hence allowing almost complete integration of the construction with the outdoor space.

The new horizontal cuboid is only visible from the north and west whilst, from the courtyard of the church, one can only see the gravel on the roof. Despite the access via stairs, starting at the level of the existing house to the south, all relations between the new building and the outdoor space focus on the north-eastern side, where there is access to the community centre and sports field.

The package is subdivided in four rooms connected via an outdoor gallery that is in turn connected with the access to the south and the ramp to the east. Staircases lead down to the lower floor between the rooms. The lower floor houses essential service areas, a small storage room and toilets with an external access.

Capela de S. José Quebrantões, Oliveira do Douro

The site has the form of a trapezium, with the site eastern and northern boundaries formed by the railway and Avenida Joäo XXI.

The main access via Rua Alfredo Faria Magalhães is organized via the atrium, connecting the chapel with the service areas: memorial chapel, service rooms and parking to the south.

The chapel sits at the prolongation of the atrium in an axial position. The subdivision of the structure is into three parts corresponding with the various formal areas and evident in the different heights of the rooms. A small memorial chapel and a stoup are placed at the entrance area, in the centre the nave with a higher ceiling, at the end the altar area with a full-width atrium.

The service area of the chapel, with a multi-purpose hall and teaching rooms for the catechism, is placed to the east of the site and grouped around an inner courtyard. It has independent access from the back road.

Three different materials were used for the construction. Walls and foundations are made out of reinforced concrete, roofs equipped with timber formwork and supported by wooden girders, flooring materials are wood and granite.

1 – JOSÉ FERNANDO GONÇALVES,
CASA DOS ESCUTEIROS, OLIVEIRA DO DOURO

2, 3 – JOSÉ FERNANDO GONÇALVES,
CAPELA DE S. JOSÉ QUEBRANTÕES, OLIVEIRA DO DOURO

4 – JOSÉ FERNANDO GONÇALVES,
CAPELAS MORTUÁRIAS, OLIVEIRA DO DOURO

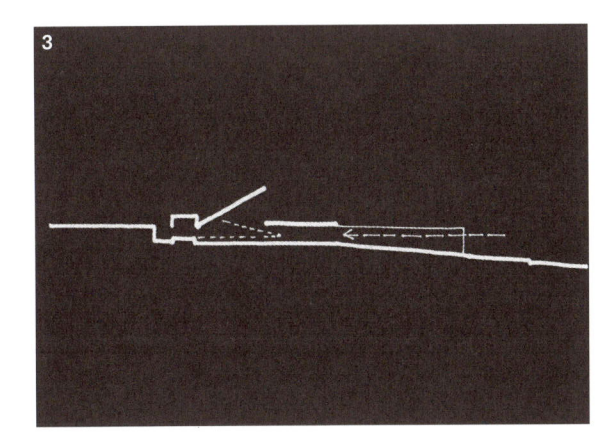

FERNANDO LUÍS CARDOSO MENESE
DE TAVARES E TÁVORA
FERNANDO LUÍS CARDOSO MENESE
DE TAVARES E TÁVORA

GIOVANNI LEONI

GEBOREN 1958, ARCHITEKTURTHEORETIKER, LEITER DES INSTITUTES FÜR ARCHITEKTURGESCHICHTE AN DER UNIVERSITÄT VON BOLOGNA, LEBT IN MODENA. SEINE SCHWERPUNKTE SIND ZEITGENÖSSISCHE KUNST UND ARCHITEKTUR. HERAUSGEBER DES INTERNATIONAL RENOMMIERTEN ITALIENISCHEN MAGAZINS „D'ARCHITETTURA" UND CO-AUTOR DER BÜCHER „EDUARDO SOUTO DE MOURA", PHAIDON, LONDON 2004, UND „FERNANDO TÁVORA", ELECTA, MAILAND 2005.

BORN 1958, ARCHITECTURE THEORIST AND HEAD OF THE INSTITUTE OF HISTORY OF ARCHITECTURE AT BOLOGNA UNIVERSITY, LIVES IN MODENA. SPECIALIZED ON CONTEMPORARY ART AND ARCHITECTURE. EDITOR OF THE INTERNATIONALLY RENOWNED ITALIAN MAGAZINE 'D'ARCHITETTURA' AND CO-AUTHOR OF THE BOOKS 'EDUARDO SOUTO DE MOURA', PHAIDON, LONDON 2004 AND 'FERNANDO TÁVORA', ELECTA, MILAN 2005.

→

In einem Interview mit Carlos Marti meint Fernando Távora:

„In Wirklichkeit bin ich sehr portugiesisch; vielleicht werde ich von jedem auf irgendeine Weise beeinflusst, wenn auch nicht dauerhaft; sowohl von Architektur als auch vielen anderen Dingen. Ich gehe mit meinen Auftraggebern gerne spazieren oder Mittag essen; ich versuche, mit ihnen die Dinge mit Humor zu nehmen und den Geschmack des Lebens zu genießen, die Projekte wirklich zu leben. Ich habe mich immer schon von formalen Problemen distanziert. Mich interessiert hauptsächlich, dass die Menschen glücklich sind, wo immer das möglich ist, und dass man in einer herzlichen Atmosphäre arbeiten kann. Arbeiten ist für mich wie Essen oder Schlafen, etwas ganz Natürliches. Ich weiß, dass das heute nicht üblich ist, aber jeder empfindet eben auf seine Art und Weise."

Diese Worte beschreiben zwei Komponenten von Távoras Designmethode, die außerordentlich wichtig, aber gleichzeitig schwer fassbar sind. Ihre Beschreibung und Beurteilung ist problematisch, besonders anhand der kritischen Parameter, an denen die Architektur des 20. Jahrhunderts normalerweise gemessen wird.

Eine dieser Komponenten ist die „Natürlichkeit" des Entwerfens, das als eine ebenso unmittelbare Aktivität beschrieben wird wie Essen oder Schlafen.

Tatsächlich ist die „Natürlichkeit" seiner Architektur – ein charakteristisches Merkmal, das von vielen erkannt wurde, und das sowohl Siza als auch Souto de Moura zum zentralen Thema dessen machten, was ihnen Távora auf den Weg mitgab, wenn ihre Umsetzungsmethoden auch stark differieren, – das Ergebnis einer langen Reise, die erstens mit der Durchquerung und schlussendlichen Transzendenz der Moderne beginnt und zweitens die Perfektionierung einer Entwurfmethode vorsieht, die als der Horizont der Wahrnehmung erscheint und gleichzeitig das Unmögliche beinhaltet – eine Beziehung zwischen Mensch und Realität, die nicht durch die Darstellung vermittelt wird.

Eine Methode, die in den zwischen 1952 und 1958 realisierten „Leitprojekten" umgesetzt und verfeinert wurde und deren theoretische Form im Text über die Organisation des Raumes von 1962 festgelegt ist.

Der zweite Punkt ist die spezifisch „portugiesische" Dimension von Távoras Architektur.

Die Schwierigkeit in diesem Fall liegt in der Beschreibung einer kulturellen Situation, die zwar klar erkennbar, aber nicht leicht in einem allgemeinen Kontext

→

In an interview with Carlos Marti Fernando Távora states:

'In reality I am very Portuguese; perhaps I am influenced by everyone, but not in any permanent way. I am influenced by architecture, as well as by many other things. I like to take walks with my clients, to have lunch with them; with good humour, savouring the taste of life; living the projects. I have always lived somewhat detached from formal problems. I am mainly interested in seeing that people are happy, if this is possible, that the work is carried out in an atmosphere of cordial relations. For me, working is like eating or sleeping, something natural. I know this is not customary today, but everybody has his own way of being.'

These words describe two components of the Távora design method as important as they are elusive because it is difficult to describe and to judge with the critical parameters according to which 20th century architecture is usually viewed.

One is the 'naturalness' of designing, viewed as an activity as immediate as eating or sleeping.

In reality, the 'naturalness' of his architecture – a characteristic recognized by many and central to the lesson learned from Távora, albeit in different ways, by both Siza and Souto de Moura – is the result of a long journey consisting firstly of traversing and surpassing the modern, and secondly, of perfecting a design method that appears as the horizon of sense, while contemporaneously including the impossible, a relationship between man and reality not mediated through representation.

A method that is comprised and refined in the 'guide projects' realized from 1952 to 1958, theorized in 1962 in the text on the Organization of Space.

The second point is the specifically 'Portuguese' dimension of Távora's architecture.

The difficulty, in this case, lies in describing a cultural situation which is clearly evident but hard to describe in general terms, determined above all by a profound family mark, educational but linked above all to affection and to 'family houses', to their characteristics and to the workshop of experience and life they represent, a reality to which Távora insistently links his work and whose story is still largely to be written, presumably enclosed in the diaries and the private papers that have been studied, for the moment, only by Manuel Mendes.

This is not simply a matter of knowledge, it too always highly cultivated by Távora, of the traditions,

beschreibbar ist und die vor allem durch den Begriff Familie bestimmt wird – auch in pädagogischer Hinsicht, aber vor allem durch den Bezug zu Liebe, Zuneigung und „Familienhäusern" und deren Merkmalen sowie zur Werkstatt von Erfahrungen und Lebenssituationen, die solche Häuser darstellen. Távoras Werk ist durchgehend mit dieser Realität verbunden, deren Geschichte zum Großteil noch geschrieben werden muss und die wahrscheinlich in den Tagebüchern und privaten Unterlagen zu finden ist, in die bis jetzt nur Manuel Mendes Einsicht genommen hat.

Hier geht es nicht einfach nur um die Kenntnis der Geschichte und Literatur, der Traditionen und Genealogien der portugiesischen Meisterarchitekten, obwohl Távora auch diese Kenntnis stets kultivierte und forcierte, sondern um die physische, direkte, spezifische Kenntnis der Qualitäten und charakteristischen Merkmale, die Orten, Gebäuden, einem bestimmten Lebensstil und einer Mentalität eigen sind.

Eine Kenntnis, die Távora hauptsächlich durch eine ständige Reisetätigkeit in seinem eigenen Land erwarb. Reiste er zunächst aus bloßer Neugierde, wurde das Reisen bald zu einer Schlüsseltätigkeit seiner professionellen Praxis, mit der er in mehr als fünfzig Jahren die Grenzen Portugals nie überschritt und kaum in die südlichen Regionen vordrang; als Motor einer anderen, tieferen, verinnerlichten Form einer Kenntnis von Dingen, von Umsetzungsmethoden, vom Leben der Menschen.

Gehen, Beobachten, Verstehen, dann wieder Gehen, Beobachten, Verstehen. Die Flucht vor Verallgemeinerungen und Vereinfachungen, die konstante Suche nach einem absoluten Wert, der aber trotzdem den spezifischen Eindruck des Verstandenen nicht auslöscht und die Möglichkeit eines neuerlichen Gehens, Beobachtens und Verstehens nicht ausschließt – auf diesem kognitiven Modell basiert Távoras Designmethode, abseits des linearen Prozesses von Analyse und Synthese, der modernen Projekten zugrunde liegt. Dies ist auch das einzige kognitive Modell, mit dem wir die Komplexität von Bedeutungen und Qualitäten, die Távoras Architektur auch auf unsichtbare Weise zu bieten hat, stufenweise bewältigen können.

Was Távora mit der Methode des „Gehens und Verstehens" und durch die Begegnung mit anonymer Architektur und ihren Lektionen entdeckt hat, ist ein Mythos, der wesentlich größer ist als die im 19. oder 20. Jahrhundert vorherrschende Idee des Menschen: der Mythos des *gelebten Lebens*, der Mythos einer *existenziellen Sprache*, der Mythos einer Architektur als unmittelbarer Ausdruck des Lebens, als direktes Ergebnis von Handlungen, die Menschen zum Zwecke ihrer Niederlassung an einem bestimmten Ort durchgeführt haben.

Die Architektur der Menschen, wenn man sie in ihrer Gegenständlichkeit und spezifischen Natur untersucht, scheint die konkrete Form des ursprünglichen Bauens sichtbar zu machen; weiters ist die bodenständige, anonyme Architektur – da sie eben nicht auf originären Handlungen beruht, sondern auf Methoden, die seit Jahrhunderten wiederholt, über Generationen hinweg korrigiert, perfektioniert und gleichzeitig in ihrer Substanz bestätigt wurden – als die Verhärtung architektonischen Wissens zu betrachten; als das, was der Mensch durch seine baulichen und erfinderischen Fähigkeiten über Jahre hinweg als Antworten (immer ähnlich und doch immer verschieden) auf die Fragen zu bieten hatte, die der Ort (die Erde, um die Worte des jungen Távora zu verwenden) an den Menschen stellte, als sich dieser dort niederließ, um ihn zu bewohnen.

In Távoras Designmethode gibt es eine Komponente, die nicht in Worte zu fassen ist und nur durch eine fotografische Geschichte verdeutlicht werden kann.

„Das Ideal", schrieb Távora 1945, „wäre eine Konstruktion für jeden Menschen: für jeden Körper und jeden Geist ein Ganzes, in Harmonie mit der Gesamtheit dieses Körpers und dieses Geistes. Jedoch kann der Mensch diese Gesamtheit nicht finden – er nähert sich ihr nur an, in glücklichen Momenten erkennt er sie als flüchtig und vergänglich und lässt sie als unmögliche Errungenschaft zurück. Gesamtheit als das Zentrum, der integrale Mensch als Einheit. Gibt es eine Maßeinheit, die willkürlicher und entmenschlichter ist als der Meter? Konventionen sind notwendig, aber es scheint so unpassend, sie als Abstrakte festzulegen, wenn ihre Anwendung zu konkreten Fakten führt: Warum also nicht der Fuß, der Daumen etc. als Maßeinheiten für den Architekten?"

Der menschliche Körper mit seinen konstanten Merkmalen und gleichzeitig unendlichen Variationen soll also als Maßeinheit für eine Architektur fungieren, die nicht mit der Technologie einhergeht, die gegenwärtig als Weg zur beständigen Nutzbarmachung der Welt und Stärkung der menschlichen Fähigkeiten verstanden wird.

Im Sinne von Távora setzt sich Architektur hauptsächlich mit menschlicher Fragilität auseinander – der Ursprung architektonischer Tätigkeit und Basis für deren Legitimität.

Das Werk des Menschen, seine Umformung der Welt durch Wissen und Kunstfertigkeit, wird durch seinen Status als ohne künstlichen Schutz lebens- und sogar bewegungsunfähiges Tier gerechtfertigt.

Die architektonische Lektion, die Távora uns lehrt, führt bauliche Aktivität zurück zu einer Auseinander-

history, genealogies and literature of the Portuguese master architects but of a physical, direct, specific knowledge of the qualities, of the characteristics proper of places, of buildings, of lifestyles, of a mentality.

A knowledge cultivated primarily through constant travelling in his own country, first out of a simple spirit of curiosity, then as the integrating act of a professional practice that, in over fifty years, has never gone beyond the boundaries of Portugal and has rarely ventured into the southern regions, vehicle of a knowledge that is different and more profound, interior we might say, of things, of modes of transformation, of the life of persons.

Walking, observing, understanding and, again, walking, observing, understanding, fleeing from generalizations and simplifications, but constantly seeking for a sense of absolute value which, however, does not cancel the specific sense of what is comprehended and does not inhibit the possibility of starting to walk again, to observe again and to understand other things – this is the cognitive model at the base of Távora's design method, quite different from the linear process of analysis and synthesis at the base of the modern project, and it is also the only cognitive model through which we can progressively master the complexity of meanings and quality proffered, at times not visibly, by his architecture.

That which Távora's 'walking and understanding' finds, upon encountering anonymous architecture and its lesson, is a myth much greater than any 19th or 20th century idea of the people, what it encounters is the myth of *life lived,* the myth of a *language of existence*, of an architecture that is the immediate expression of life, that is the direct result of acts carried out by man for the purpose of settling in a given place.

The architecture of the people, studied in its concreteness and its specific nature, seems able to reveal the visible and concrete form of original construction acts; moreover, since these are not original actions, but actions that have been repeated for centuries throughout history, for generations, correct, perfected and, at the same time, confirmed in their substance, vernacular and anonymous architecture appears to be precipitation of building knowledge, that which has remained over the years of the many, always similar and always different, responses offered by man, by his capacity for construction and invention, to the questions posed by the place (by the Earth, to use the language of the young Távora), at the moment of his settling there and his day-to-day inhabiting.

There exists, in Távora's design method, a component that cannot be translated into words and that can only be suggested by a photographic narrative.

'The ideal', wrote Távora in 1945, 'would be for each man a construction: for each body and each spirit a whole in harmony with the totality of that body and that spirit. But men cannot find this totality; only at happy moments, fleeting and transient, do they approach it, only to leave it as an impossible achievement. Totality as centre, the integral man as unit. Is there any measurement more arbitrary, more dehumanizing, than the metre? Conventions are necessary, but it seems out of place to establish them in the abstract when their application leads to concrete facts; why not the foot, the thumb, etc., as units of measurement for the architect?'

The human body, in its constant characteristics and, along with this, in its infinite individual variety is assumed as measure for an architecture not to be identified with technology currently understood as perennial advance of control over the world and infinite strengthening of human faculties.

With Távora, architecture confronts primarily human fragility, the first origin of architectural activity and the basis for its legitimacy.

The work of man, his transforming the world by artifice, is legitimized by his condition of an animal incapable of surviving, even of treading the earth, without artificial protection.

The architectural lesson taught by Távora brings the act of building back to a confrontation with the human condition of helplessness, leaving to others the daring, although admired and perhaps to a certain degree regretted, of experimenting with the quasi-divine dimension of architecture, that is, the invention of a world that is different and is, by its creator, ordered.

The human body is not the measure inasmuch as a proportional model or anthropomorphic configuration of the building, according to one of the basic tenets of modern architecture in the western world, as demonstrated by the paratactic articulation of the building preferred by Távora: the body is the measure insofar as there exists an immediate correspondence between the act of building and the process of formation of the space, or of the thing, that it generates.

Building is an act of obedience to the human condition and to the day-to-day, ritual acceptance of its limits, both material and spiritual, and Távora cannot seek references except by bringing us, against the current, outside of the whole cycle of modernity:

'There is a typical case in the history of architecture where decisions of the moral order and a new concept

setzung mit dem menschlichen Zustand der Hilflosigkeit. Obwohl ihn dies bis zu einem gewissen Grad schmerzt, überlässt er es anderen, mit der halbgöttlichen Dimension von Architektur zu experimentieren, d.h. mit der Schaffung einer Welt, die so ist, wie ihr Schöpfer es befiehlt.

Einem der Grundsätze moderner Architektur in der westlichen Welt zufolge ist der menschliche Körper weniger die Maßeinheit als das proportionale Modell oder die anthropomorphe Konfiguration des Gebäudes, wie es auch die parataktische Definition des Begriffs „Gebäude" ausdrückt, der Távora am liebsten folgte: „der körper ist insofern ein maßstab, als eine unmittelbare relation zwischen dem akt des bauens und dem prozess einer raumformatierung und dem daraus entstehenden objekt besteht."

Bauen ist ein Akt des Gehorsams gegenüber dem menschlichen Zustand und der täglichen, rituellen Akzeptanz seiner materiellen und spirituellen Grenzen. Távora sucht nicht nach Referenzen, sondern schwimmt gegen den Strom, indem er uns außerhalb des Zyklus der Moderne führt:

„Es gibt in der Geschichte der Architektur einen typischen Fall, bei dem moralische Entscheidungen und ein neues Lebenskonzept in den geschaffenen Formen sichtbar gemacht wurden. Ich spreche von der Reform des hl. Bernhard, die eine wahrhaft funktionelle Architektur hervorbrachte, ebenso überlegen und gerecht, wie er das von seinem neuen Orden verlangte; Alcobaça ist ein Beispiel dafür: hier gibt es keinen Schmuck nur um des Schmuckes willen, es gibt keine Zurschaustellung, auch nicht im dekorativen Sinn. Man fühlt nur den Geist der Zisterzienser und ein tiefes Verwachsensein – so ganzheitlich, wie das bei einem Menschenwerk nur der Fall sein kann."

Das Verwachsensein zwischen Mensch und Werk, in dem sich zahlreiche Hintergründe der Existenz von Mensch und Ding drängen und nach einem Publikum suchen, kann man schwer in Worte fassen. Es obliegt daher dem Lebenswerk von Fernando Távora, uns daran zu erinnern, und seinem Wissen, das er mit so vielen teilte und das seine Präsenz heute mehr denn je spürbar macht. Es obliegt der Unzahl an Verbindungen, die er bei „Spaziergängen" mit seinen Auftraggebern aufbaute, und wird durch seine und ihre Worte bezeugt. Auch steht es in seinem architektonischen Werk geschrieben, das jedoch ohne die Einbeziehung seines Lebenswerks, das aus so vielen Leben, Erzählungen und Verbindungen bestand, nicht vollständig fassbar ist.

Es ist eine schwierige Lektion, die er uns lehrt, die nicht leicht mit den oberflächlichen, rapiden Wissensformen vereinbar ist, die in den heutigen Architekturentwürfen den Ton angeben; und ihre Umsetzung ist ebenso schwierig, da sie jedem gängigen Kredo widerspricht: Langsamkeit, geografische Spezifität, die Strenge einer Baudisziplin, die auf Tradition beruht, die Akzeptanz und Einbindung von Erfahrung; die Dominanz des Werks über seinen Erfinder; die Wichtigkeit eines ethischen Bundes zwischen allen Beteiligten und zwischen ihnen und der Welt, sowohl der natürlichen als auch der artifiziellen.

Jedoch ist dieser Gegenentwurf auch Indikation einer möglichen Bestimmung der Architektur, und ihm gebührt unsere respektvolle Aufmerksamkeit.

ABOVE:
FERNANDO TÁVORA,
PADIGLIONE DEL TENNIS NELLA QUINTA DA CONCEIÇÃO, 1956–1960, MATOSINHOS

BELOW:
FERNANDO TÁVORA,
CASA DI VACANZA A OFIR, 1957–1958,
PINHAL DE OFIR, FÃO

of life were reflected in the forms that were created. This is the case of St Bernard's reform, which produced a truly functional architecture, superior and righteous as he wanted his new Order to be; Alcobaça is an example of this: in it there is no decoration for the sake of decoration, there is no ostentation, not even of the decorative kind. There is only the spirit of the Cistercian Order and integral adhesion – as integral as the work of men can be.'

The total adhesion of man to his work, in which many reasons, of persons and of things, throng together and demand an audience, this cannot be, as we have said, told in words, it remains entrusted to the memory of the life-work of Fernando Távora, to the knowledge that he was able to share with many and that reveals, today more than ever, his living action, it remains in the wealth of relations that he generated by 'walking' beside his clients, is born witness to by his and by their words, it certainly remains written in his architecture, which however, without the plurima memory of his life-work, composed of many lives and narrations and relationships, cannot be fully understood.

It is a difficult lesson, hard to subjugate to the superficial, rapid forms of knowledge to which the architecture that is being designed today is for the most part subjected, and even harder to put into practice, since it counsels, against every current credo: slowness; geographic specificity; the strictness of a building discipline learned from tradition; the acceptance of experience; the prevailing of the work over the inventor; the need for an ethical bond between every human being involved, as well as between them and the world, natural and artificial.

But its counter-current nature is the indication of a possible destiny for architecture, and is deserving of respectful attention.

FERNANDO TÁVORA, CASA A COVILHÃ, 1973–1976, FERMENTÕES, GUIMARÃES

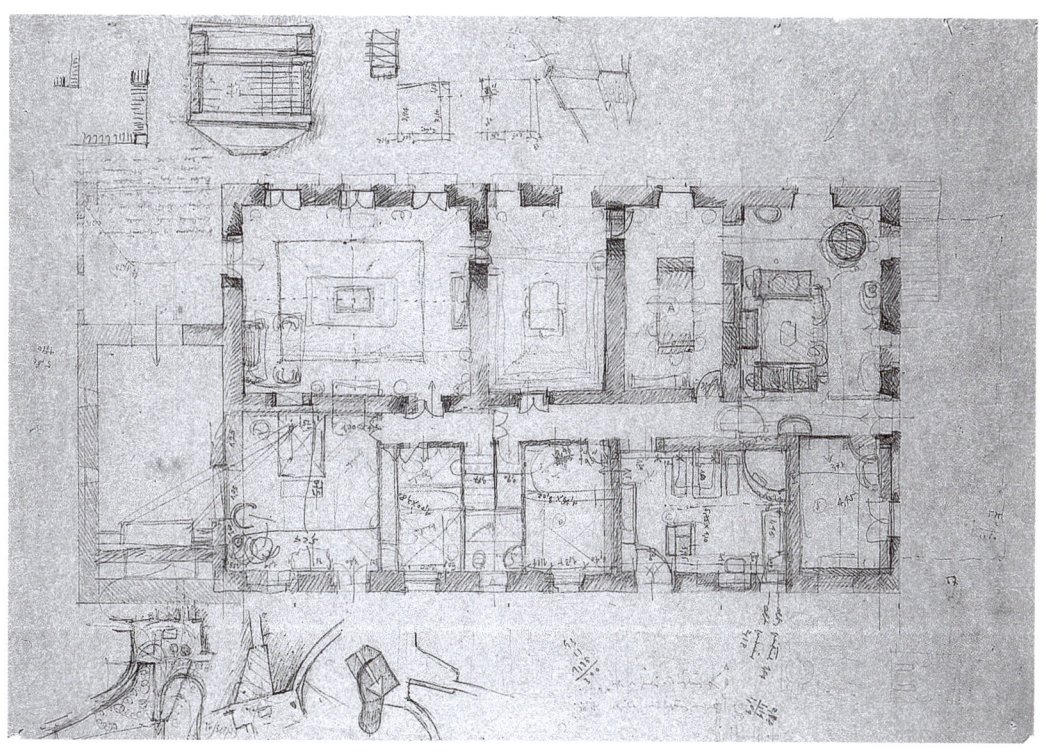

LAND IN SICHT – EINE REISE
LAND AHEAD – A JOURNEY

VIVIANE STAPPMANNS

GEBOREN 1976 IN WIESBADEN, STUDIERTE PUBLIZISTIK AN DER FREIEN UNIVERSITÄT BERLIN UND SCHLOSS IHR STUDIUM IN JOURNALISTIK AM ROYAL MELBOURNE INSTITUTE OF TECHNOLOGY (RMIT) AB. MASTER IM FACHBEREICH INNENARCHITEKTUR, LEHRAUFTRAG AN DER SCHOOL OF ARCHITECTURE AND DESIGN AM RMIT, SEIT 2001 FREIE JOURNALISTIN IM BEREICH ARCHITEKTUR, DESIGN UND KUNST, HAUPTSÄCHLICH FÜR DIE AUSTRALISCHE FACHPRESSE.

BORN 1976 IN WIESBADEN, STUDIED JOURNALISM AT THE FREE UNIVERSITY OF BERLIN AND ALSO GRADUATED IN JOURNALISM FROM THE ROYAL MELBOURNE INSTITUTE OF TECHNOLOGY (RMIT). MASTER'S DEGREE IN INTERIOR DESIGN, TEACHING AT THE SCHOOL OF ARCHITECTURE AND DESIGN AT RMIT, SINCE 2001 FREELANCE JOURNALIST IN THE FIELD OF ARCHITECTURE, DESIGN AND ART, WRITING MAINLY FOR THE AUSTRALIAN PROFESSIONAL MEDIA.

→

Auf der weiten Reise zur anderen Seite des Globus überquert der europäische Besucher Länder, deren Kulturen ihm wahrscheinlich für immer fremd bleiben werden. Die unmittelbare Nähe der mongolischen Steppe, von Bangladesch oder Manila wird nur durch eine abstrakte Linie auf einer ungenauen digitalen Landkarte sichtbar, und nach beinahe vierundzwanzig Stunden in diesem Kulturvakuum auf dreißigtausend Fuß scheint Australien fast vertraut.

Obwohl die Autos auf der falschen Straßenseite gemächlich entlangtrödeln anstatt ungeduldig zu drängeln, befindet sich der Reisende in einer ihm durchaus bekannt erscheinenden physischen und kulturellen Landschaft: Im Taxi spielt die gleiche Musik, die Menschen sind ähnlich gekleidet und leben in nordeuropäischen Familienstrukturen. Je nach Ankunftsort sind auch die Temperaturen und die Luftfeuchtigkeit beinahe die gleichen wie vor dem Abflug in Europa, zumindest in den südöstlichen Metropolen Sydney und Melbourne.

Aber dann, noch auf dem Weg vom Flughafen zur Stadt, beginnt der Besucher eine Reise voller Entdeckungen, die ihn nach einiger Zeit davon überzeugen werden, dass dieses Land mit Europa fast genauso wenig teilt wie die Mongolei, allerdings auf einer viel subtileren Ebene.

Der erste Eindruck ist der scharfe Kontrast zwischen der kargen Erde und dem endlosen, beinahe obszön blauen Himmel. Besonders dem Leser internationaler Architekturzeitschriften sollte dieser Tatbestand sofort auffallen, hatte er doch ursprünglich vermutet, dass jenem Kontrast ein Griff in die Trickkiste der australischen Architekturfotografen zugrunde liegt.

Speziell im ebenen Melbourne wird auch die Weite des Landes sofort spürbar. Der Fluchtpunkt der bräunlichen Graslandschaft, hier und da unterbrochen von einem einzelnen Baum oder Strauch, ist nur mit zusammengekniffenen Augen erkennbar. Oder ist es das Licht, das gleißend und unbarmherzig die ungewohnte Farbpalette der Natur aufs grellste erleuchtet? Die Sonnenstrahlen, die ungebrochen auf diesen Teil der Erde prallen, sorgen nun schon seit Jahrzehnten dafür, dass Australien die höchste Hautkrebsrate der Welt aufweist.

Dies ist aber auch genau jenes Licht, mit dem Australiens erster und einziger mit dem Pritzker-Preis ausgezeichneter Architekt, Glenn Murcutt, in Verbindung gebracht wird. Oder vielmehr, sein Umgang mit diesem Licht. Wo die größtenteils britische Bauweise der Kolonialzeit sich vom Licht abwandte, die düsteren, niedri-

→

On the long trip to the Antipodes, the European visitor crosses countries and cultures which are likely to be forever unknown to him. Die immediate proximity of the Mongolian desert, of Bangladesh or Manila is only heralded by an abstract line atop a vague digital map. After twenty-four hours in this cultural vacuum on thirty thousand feet, Australia appears strangely familiar.

Although the cars seem to leisurely dawdle along on the wrong side of the road, instead of impatiently pushing their way ahead, the traveller finds himself in a recognizable cultural and physical landscape. There's the same music in the taxi, people are dressed in a similar fashion and live in northern European family structures. Depending on the point of arrival, temperature and humidity are comparable, and almost the same as they were upon departure in Europe, at least in the southeastern metropoles of Sydney and Melbourne.

But then, still on the way from the airport to the city, the visitor begins a journey of discoveries, which will soon have him convinced that this country has as little in common with Europe as it shares with Mongolia, yet on a much more subtle level.

The first impression is the stark contrast between the barren Earth and the endless, almost obscenely blue sky. Especially the reader of international architecture magazines should instantly be alert to this detail, as he had originally assumed this to be a feat from the box of tricks of Australian architectural photographers.

Especially in the flat landscape around Melbourne, the expanse of the land is immediately perceptible. The vanishing point of the brown plain, which is only interrupted here and there by a single tree or shrub, can only be attempted with squinted eyes. Or is it the light, which glaringly and unmercifully illuminates the unfamiliar natural colour palette? The traveller remembers that this beautiful light is guilty of Australia's record numbers of skin cancer.

But this is also the light associated with Australia's first and only recipient of the Pritzker Prize, Glenn Murcutt. Or rather, his approach to this light. Where the largely British construction types of colonial times avoided the light, and the low, gloomy terrace houses remind of the first settlers, who turned away from the ruthless nature of this country and its potential for thunderstorms, drought, tropical cyclones and dreadful bushfires, Murcutt's architecture engages with the nature of Australia, opens towards the sun and the landscape, and sees the exchange between inhabitant

gen Terrassenhäuser daran erinnern, dass die ersten britischen Siedler sich wohl eher von der unbarmherzigen Natur des Landes und ihrem Potenzial für Unwetter, Dürre, tropische Stürme und verheerende Brände abzuschotten suchten, nimmt sich Murcutts Architektur der Natur Australiens an, öffnet sich der Sonne und der Landschaft und sieht das Zusammenspiel zwischen dem Menschen und seiner Umwelt – im ökologischen, psychologischen und auch im ergonomischen Sinne – als ihre zentrale Aufgabe.

Glenn wer?, fragte man sich auf der anderen Seite der Welt, als 2002 die Pritzker-Jury ihre Wahl verkündete. Der Preisträger: Glenn Murcutt, ein allein arbeitender Architekt aus Sydney, der hauptsächlich für seine Häuser im australischen Busch bekannt ist und sich mit seiner visuellen Symbiose aus Farmgebäuden und Mies-van-der-Rohe-Stahlkonstruktionen, mit dem Slogan, dass „die Erde nur leicht berührt" werden will, und mit Bautechniken, die Nachhaltigkeit und Einklang mit der Umwelt fördern, einen Namen gemacht hat. Ein Architekt, der weder E-Mail noch Angestellte hat, und dessen Auftraggeber angeblich oft jahrelang geduldig auf die Erfüllung ihres Traumes warten müssen.

Er, so scheint man sich heute vielerorts einig, personifiziert die Identität der australischen Architektur. Er war es, der Wellblech – während der Kolonialzeit als minderwertig behandelt und im Laufe der Jahrzehnte als billiges Baumaterial für Dächer und Wassertanks verwendet – als Mittel für ernst zu nehmende Architektur salonfähig machte und damit eine Referenz zur einzigen lokal gewachsenen Bautradition des kolonialen Australiens schuf – dem „Schuppen". „The shed" weckt sentimentale Erinnerungen in Generationen von Australiern, sei es der Werkzeugschuppen im Garten eines Einfamilienhauses oder die zahllosen, über den Kontinent verstreuten Behausungen, die einst den umherziehenden Schafscherern als Unterkunft dienten. Es scheint, so mag sich der Pritzker-Erfolg Murcutts in der Außenwelt niederschlagen, dass Australien nun endlich eine eigene Architektursprache vorweisen kann; in diesem Licht mag die koloniale Vergangenheit nur als ein Stadium der Reifung erscheinen, und man hat die architektonischen Einflüsse internationaler Strömungen als Anlass genommen, das Gelernte innerhalb der lokalen Gegebenheiten anzuwenden.

Natürlich ist alles viel komplexer. In der Kürze dieses Essays sind jedoch zweierlei Aspekte besonders interessant, um sich der hiesigen Architekturkultur zu nähern.

Erstens: Australiens Architekturkultur ist lebendig und pluralistisch. Der Architekturdiskurs beschränkt sich hauptsächlich auf die Metropolen Sydney und Melbourne. In Sydney trägt das Triumvirat Harry Seidler (geboren in Österreich), Richard Leplastrier und Glenn Murcutt inzwischen das Zepter der alten Garde. Davina Jackson und Chris Johnson weisen darauf hin, dass Sydney in den letzten zwei Jahrzehnten von der „Murcutt-Section" über vier Generationen von Architekten, die Gemeinsamkeiten mit ihrem Baustil aufweisen, dominiert worden ist.[1]

In Melbourne wird die Architektur selbst, jedoch auch die dazugehörige Diskussion und Forschung besonders durch die beiden prominenten Universitäten, das Royal Melbourne Institute of Technology (RMIT) und die traditionellere Melbourne University, angeheizt. Im Bereich Design und Architektur liefern sich die sonst so konfliktscheuen Australier hitzige Debatten, ungeschminkte Kritiken und teilweise sogar bittere Streitigkeiten. Diese treten sowohl zwischen Architekten und Kritikern selbst als auch in den zahlreichen Konferenzen, Symposien und Medien auf und beschränken sich keineswegs auf den dominanten, international repräsentativen Bau von Wohngebäuden. Digitale Architektur etwa wird im speziell gegründeten Spatial Information Architecture Laboratory (SIAL) am RMIT vermittelt und diskutiert.

Es scheint, dass die geografischen Gegebenheiten – obwohl am sprichwörtlichen Ende der Welt – dazu beigetragen haben, dass in Australien eine lokale – eher an die jeweiligen Städte gebundene als den gesamten Kontinent betreffende – Kultur der Diskussion und der Debatte entstehen konnte. Schließlich ist es Teilnehmenden fast immer möglich, direkten Kontakt herzustellen, gegenseitig ihre Ausstellungen und Konferenzen zu besuchen, um dadurch den Austausch fördern und aufrechterhalten zu können. Die Suche nach – oder vielleicht eher das Experiment mit – der eigenen Identität spiegelt sich in den verschiedenen Bautypen und Ansätzen wider. Da ist zum Beispiel der viel gefeierte Universitätsbau der RMIT von Edmund und Corrigan, in dessen Fassade und Innenraum sich farbliche Referenzen zum heimischen Australian Rules Footballteam finden, oder das Australian Centre for Contemporary Art (ACCA) – galvanisiert, fensterlos und rot wie der heilige Berg im Zentrum des Kontinents.

Und da sind die zahllosen erfolgreichen, originellen und lebendigen Projekte der vielen Architekten, die auf ihre Art eine Auseinandersetzung mit der eigenen Kultur und ihrer Vergangenheit darstellen. Wie etwa Sean Godsell, der mit dem offensichtlichen Einfluss der japanischen Wohnkultur in seiner Architektur auf die Lage des australischen Kontinents inmitten Asiens hinweist. Insgesamt scheint Australien weniger auf der verzweifelten Suche nach seiner eigenen Identität als auf einer

and environment – in the ecological, psychological and ergonomic sense – as its central premise.

Glenn who? asked the Northern hemisphere when the 2002 Pritzker Jury announced their choice. The winner: Glenn Murcutt, the single practicioner from Sydney, who is known for constructing residential buildings in the Australian bush and brandmarked his work with his visual symbiosis of farmhouses and Miesian Frame-construction, who has become synonymous with 'touching the Earth lightly' and who has earned a reputation with building techniques that foster sustainability and harmony with the environment. An architect who has neither e-mail nor employees, and whose clients allegedly sometimes wait patiently for a number of years before their dream comes true.

He, so much seems to be established elsewhere, personifies the new Australian architectural identity. It was him who elevated corrugated iron – treated as inferior during colonial times, used as inexpensive building material for myriads of roofs and water tanks around the country – to acceptable building material in architectural terms. And thus he established a reference to the only vernacular building tradition of white colonial Australia – the shed. It wakes sentimental memories in generations of Australians, whether they think of the tool shed in the garden of a family home or the countless shearing sheds littered around the continent, once providing accommodation to the shearers on their journeys around the country. Its seems that Murcutt's Pritzker-success signalled internationally that Australia is finally stepping forward with its own architectural language; in this light it would appear as though the colonial past now simply represents a period of maturing, and the influences of international movements an opportunity to apply this knowledge within the local context.

Of course, everything is much more complex. And in the brevity of this essay, only two aspects of this complexity will be addressed regarding the local architectural culture:

Firstly: Australia's architectural culture is ebullient and pluralistic. The architectural discourse is largely restricted to Sydney and Melbourne. In Sydney, the triumvirate of Austrian-born Harry Seidler, Richard Leplastrier and Glenn Murcutt is regarded as carrying the scepter of the old guard. Davina Jackson and Chris Johnson suggest that Sydney has been dominated by the Murcutt-section over the last two decades and four generations of architects, all of which show common interests in their architectural pursuits.[1]

In Melbourne, architecture itself, but also its research and discourse is especially fuelled by the two prominent Universities, the Royal Melbourne Institute of Technology (RMIT), and the more traditional Melbourne University. In the area of design and architecture, the otherwise rather unconfrontational Australians deliver heated debates, undisguised criticism and at times fierce disputes between architects and critics, and in the multitude of conferences, symposia and media. These are in no way restricted to the internationally represented residential architecture. Digital architecture, for instance, is actively promoted and explored in the specifically founded Spatial Information Architecture Laboratory (SIAL), which is part of RMIT.

It appears that the geographical circumstances – although at the colloquial end of the world – contribute to the flourishing local cultures of discussion and debate in architecture, that are rather tied to the respective city than the entire continent. After all, participants are almost always in a position to establish direct contact with each other, visit their respective projects and events, and thus promote and sustain exchange. The search for – or maybe rather the experiment with – the own identity is reflected in different approaches and building types. There is, for instance, the celebrated university building at RMIT, by Edmund and Corrigan, the façade and interior of which hold references to the colours of local Australian Rules football team, or the Australian Centre for Contemporary Art (ACCA): galvanized, windowless and red like the holy mountain in the middle of the continent.

And there are the myriads of successful, original and lively projects of many architects, which undertake an inquiry about the own culture and past in their own way. Like Sean Godsell, who points to the location of Australia surrounded by Asian countries in exploring the Japanese culture of living. Altogether Australia seems less on the desparate search for its own identity but rather on an exuberant journey for the multitude of influences yielded by the multicultural Australian society, its unique landscape and past.

Secondly: In the recently published monograph presenting the work of architect Sean Godsell, van Schaik references the long journeys through Europe undertaken by so many Australian students during, and especially after, their education. On these journeys students are – often for the first time – confronted with the reality of the buildings that have accompanied them throughout their studies. „I wonder whether the people in the Northern Hemisphere appreciate what these tours mean. Nothing in a book-based education prepares you for the shock of experiencing these buildings. ... Every exemplar ever discussed in architectural education is radically shifted when the buildings are encountered in architectural reality rather than the photographic or verbal mode."[2]

aufregenden Entdeckungsreise nach den zahlreichen Einflüssen, die das multikulturelle Australien, seine einzigartige Landschaft und Vergangenheit hergeben.

Zweitens: In der kürzlich erschienenen Monografie zur Arbeit des Architekten Sean Godsell beschreibt van Schaik die langen Reisen durch Europa, die so viele australische Studenten während und insbesondere nach ihrer Ausbildung unternehmen und auf denen sie meistens zum ersten Mal mit der Realität der Bauten konfrontiert werden, die sie während ihres Studiums begleitet haben: „Ich frage mich, ob die Menschen der nördlichen Halbkugel es zu schätzen wissen, was diese Reisen bedeuten. Die Lehrbücher bereiten uns in keiner Weise auf den Schock vor, die beschriebenen Gebäude wahrhaftig vor uns zu sehen. Jedes Beispiel, das jemals im Architekturstudium diskutiert wurde, ist auf einmal radikal verändert, wenn man diesen Bauten in der Realität begegnet, nicht in ihrer fotografischen oder verbalen Erscheinungsform."[2]

Ebenso gilt auch das Umgekehrte. Da die internationale Fach- und auch die populäre Presse nur über die Kapazität verfügt, einzelne Projekte im australischen Kontext bildlich vorzustellen, wird ein wichtiger Gesichtspunkt in Australiens Baukultur völlig außer Acht gelassen: Nur etwa drei Prozent aller Bauaufträge Australiens im privaten Wohnungsbau werden von Architekten gestaltet. Außerdem leben fünfundachtzig Prozent aller Australier in urbanen Gebieten, die meisten davon in einer der Metropolen an der Ostküste: Adelaide, Melbourne, Sydney und Brisbane, alle etwa tausend Kilometer voneinander entfernt. Kurz gesagt, die poetischen Wohnhäuser, so traumhaft eingerahmt vom Meer und der einzigartigen Vegetation – dem „Busch" – , die Australiens Architektur auf dem Rest des Globus repräsentieren, zeigen eine fast verschwindend kleine Minderheit der Baukultur des Kontinents – und damit des Milieus, in dem australische Architekten praktizieren.

So präsentieren sich dem ahnungslosen Touristen vom Weg auf dem Flughafen in die Stadt zunächst einmal nicht enden wollende Vorstadt-Teppiche: Die so genannten McMansions – kolossale Imitate im spanischen Missionsstil oder in der viktorianischen Architektur, die im Original noch charmant wirkt. Sie drängen sich auf viel zu kleinen Grundstücken, die allesamt von Sicherheitszäunen umgeben sind und nur an einer Stelle durch eine prunkvolle Einfahrt unterbrochen werden. Hier erfüllt sich der Traum vom eigenen Grundstück, denn Landbesitz ist in Australien ein Ausdruck des Nationalstolzes. In seinem 1960 veröffentlichten Buch „The Australian Ugliness" beschreibt der inzwischen verstorbene Architekt und Kritiker Robin Boyd diese Vorstädte (die sich seit seiner Zeit vervielfacht haben) als „Arboraphobiaville"[3], und daran hat sich auch seit Boyds vielfach publizierten und anerkannten Klagen über die australische Wohnkultur nichts geändert.

Im Gegenteil: Diese Bauten sind praktisch die Antithese zu Murcutts Architektur und in diesem Sinne zu allen Architekten, die sich kritisch mit den lokalen Gegebenheiten und der Frage der Nachhaltigkeit beschäftigen. Dem zukünftigen Hausbesitzer stehen verschiedene Optionen offen, die ihm anhand der pompösen Namen gleich schmackhaft gemacht werden: The Clarendon, The Newmarket, The Ritz … oder für das lifestyle-bewusste Klientel gibt es auch mal eine umgebaute Fabrikhalle, die natürlich nie eine Fabrikhalle war.

Diese kommerziell entwickelten Wohngebäude unterliegen oft keinerlei Einfluss von Architekten und Designern. Da mit dem Wohnraum und der Anzahl der Zimmer der Profit steigt, sind die riesigen Häuser oft nur wenige Meter voneinander entfernt. Sie sind klimatisiert und selten isoliert, außerdem abgeschnitten von öffentlichen Verkehrsmitteln, da hier bis vor kurzem noch Kühe gegrast haben. Diese Siedlungen kehren die Verbindung mit dem „Land", welches Glenn Murcutt und seine Kollegen ja nur „leicht berühren" wollen, ganz einfach um: Sie trampeln es nieder.

Im Zuge der weltweiten Urbanisierung und den damit einhergehenden Planungsstrategien haben sich auch die Stadtplaner in Australien etwas einfallen lassen: In Strategien wie dem „Melbourne 2030 Plan" und dem „Sydney Metropolitan Scheme" sollen urbane Räume aufgefüllt anstatt erweitert werden; schließlich erwarten beide Städte in den nächsten dreißig Jahren beinahe eine Million neue Einwohner. Die Protagonisten in Architektur und Design bleiben skeptisch. Ihr Input an diesen Plänen ist bislang minimal, und die Kluft zwischen kommerziellem Bau und Architektur bleibt zumindest im Bereich dieser Wohnungsbauprojekte größtenteils bestehen. Allerdings sieht man dabei nicht tatenlos zu. In zahlreichen Initiativen schalten sich Architekten und Designer aktiv in die Debatte ein, denn nicht nur die Erde Australiens will „mit leichter Hand berührt" werden, auch seine Städte, Siedlungen und Vororte erfordern eine spezifische Auseinandersetzung mit der Lokalität, ihren Eigenheiten und besonderen Bedürfnissen – und ihrer Vergangenheit.

[1] Davina Jackson und Chris Johnson, Australian Architecture Now, Thames and Hudson, 2001, S. 11.
[2] Leon van Schaik, Sean Godsell – Works and Projects, Electa Architecture, 2004, S. 13.
[3] Robin Boyd, The Australian Ugliness, Penguin Books, 1960, S. 132.

This can also be reversed. While the international architectural and popular press only disposes of the capacity to feature singular projects in the Australian context, an important aspect of Australia's built environment is entirely ignored: Only three percent of all commissioned singular residential buildings include an architect. Also, eighty-five percent of all Australians live in urban areas, most of them in one of the metropoles on the East Coast: Adelaide, Melbourne, Sydney or Brisbane, all in about thousand kilometre intervals. In short, the poetical residential buildings – so perfectly framed by the unqiue Australian bush settings – that represent Australia's architecture for the rest of the world, show an almost diminishingly small minority of this continent's built environment; and thus the milieu in which the Australian architect practices.

Thus, on his way from the airport, the undiscerning tourist is first presented with endless carpets of suburban sprawl: the so-called McMansions, colossal imitations of Spanish mission style and Victorian architecture, charming in its original. They are squashed together on tiny allotments, the entity of which is surrounded by security fences, only interrupted in one space by a pompous entrance. Here, the dream of the own piece of land comes true, because owning a chunk of Earth is part of the Australian national pride. In his book 'The Australian Ugliness', published in 1960, the late architect and critic Robyn Boyd describes these suburbs (that have multiplied since his time) as 'Arboraphobia-ville'[3] and this hasn't changed since Boyd's much publicized and recognized laments on Australia's living environments.

On the contrary: The buildings are practically the antithesis of Murcutt's architecture; and in this sense of all those architects who have critically engaged with the localities and sustainability. The future homeowner is presented with a number of options, which are endeared to him by their regal names: The Clarendon, The Newmarket, The Ritz … or for the lifestyle-conscious clientele, there are occasionally converted warehouses, which of course never were warehouses.

These commercially developed residential buildings are not often subject to the influence of architects and designers. Because profit increases proportionally with living space and number of rooms, the gigantic buildings are often only a few metres apart from one another. They are air-conditioned and rarely insulated, as well as cut off from public transport systems, because until recently, cows grazed here. These estates invert the connection with the land, which Murcutt and his colleagues are proposing to only 'touch lightly': they trample on it.

In the wake of worldwide urbanization and the connected planning strategies, Australia's city planners have recently presented a reaction to the sprawling and crawling suburbs. In strategies such as the Melbourne 2030 Plan and the Sydney Metropolitan Scheme, urban spaces are to be utilized and consolidated. After all, both Sydney and Melbourne are expecting up to one million additional citizens over the next thirty years. The protagonists in architecture and design remain sceptic. Their input into these plans to date is minimal, and the divide between commercial building and architecture remains, at least in the residential sector. However, one isn't idle. In numerous initiatives and debates, architects and designers actively get involved in the debate, because not only Australia's earth wants to be 'touched lightly'. Also, its cities and suburbs require particular involvement with the localities, its specificities and demands – and its past.

[1] Davina Jackson and Chris Johnson, Australian Architecture Now, Thames and Hudson, 2001, p. 11.

[2] Leon van Schaik, Sean Godsell – Works and Projects, Electa Architecture, 2004, p. 13.

[3] Robin Boyd, The Australian Ugliness, Penguin Books, 1960, p 132.

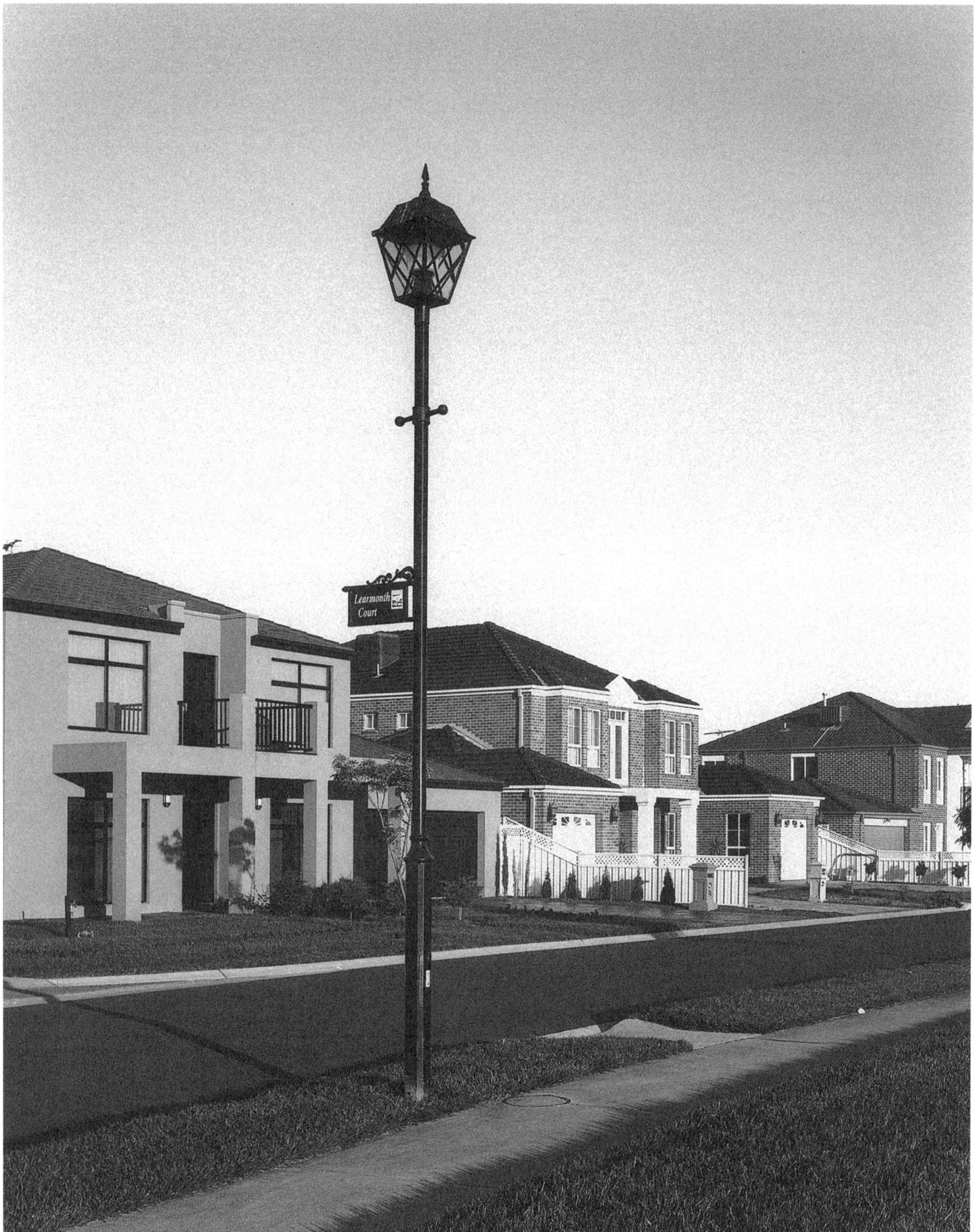
Learmonth
Court

ORT MEANS PLACE, SITE, LOCATION AND MORE

WOHNPROTOTYPEN
PROTOTYPICAL HOUSING PROPOSALS

SEAN GODSELL

GEBOREN 1960, ARCHITEKT, LEBT IN MELBOURNE. GRADUIERTE 1984 MIT AUSZEICHNUNG AN DER UNIVERSITÄT VON MELBOURNE. 1985 ZAHLREICHE REISEN NACH JAPAN UND EUROPA. 1986–1988 ARBEIT BEI SIR DENYS LASDUN, LONDON. 1989 RÜCKKEHR NACH MELBOURNE UND ARBEIT FÜR THE HASSELL GROUP. 1994 GRÜNDUNG VON GODSELL ASSOCIATES PTY LTD ARCHITECTS.

BORN 1960, ARCHITECT, LIVES IN MELBOURNE. GRADUATED WITH FIRST CLASS HONOURS FROM THE UNIVERSITY OF MELBOURNE IN 1984. HE SPENT MUCH OF 1985 TRAVELLING IN JAPAN AND EUROPE AND WORKED IN LONDON FROM 1986 TO 1988 FOR SIR DENYS LASDUN. IN 1989 HE RETURNED TO MELBOURNE AND WORKED FOR THE HASSELL GROUP. IN 1994 HE FOUNDED GODSELL ASSOCIATES PTY LTD ARCHITECTS.

→

Bus Shelter House (Bushäuschen)

Das Bus Shelter House ist ein Plädoyer für eine Anteil nehmende Infrastruktur – es ist ein Bushäuschen (wenn der Bus fährt), das in der Nacht als Notquartier benützt werden kann. Die Werbeflächen werden zu Decken-, Essens- und Wasserspendern umfunktioniert. Auf den Werbeflächen kann auch Kunst ausgestellt und so gefördert werden. Das Häuschen kann mit Sonnenenergie betrieben werden, und wir schlagen vor, das Glasdach und die Rückwand als Projektionsflächen zu verwenden.

Park Bench House (Parkbankhaus)

„Melbourne – die lebenswerteste Stadt der Welt" – (sofern Sie dort etwas haben, wo sie leben und wohnen können): Eine Einwohnerzählung 1996[1] brachte ans Licht, dass einhundertdreiundsiebzig von zehntausend Einwohnern in Melbourne obdachlos waren. Eine humane Stadt kann ihre Obdachlosen mit rudimentären Behausungen versorgen, indem sie sie in die Infrastruktur der Stadt einbaut – Parkbänke, Bushäuschen, Straßenbahnhaltestellen etc.

Auf einer anderen Ebene hat dieses Projekt das Ziel, „Wohnen" in seiner grundsätzlichsten Form, nämlich der „Behausung" zu definieren und damit ein vorrangiges soziales Bedürfnis darzustellen, wobei die Architekten eine zentrale Rolle spielen können.

Das Park Bench House kann in jeder geeigneten urbanen Umgebung gebaut werden. Als Stadtintervention erfüllt es zwei Zwecke: Sitzgelegenheit am Tag und Haus in der Nacht. Ein statisches Stadtelement wird zu einem dynamischen Teil des Stadtgewebes.

Das Park Bench House entspringt unserer Überlegung, dass die Stadt ein Ort der Unterstützung entwurzelter Menschen ist und dass ihre Infrastruktur (ggf. mit der nötigen Kontrolle) so beschaffen sein soll, dass Obdachlose untergebracht statt gemieden werden. Es entspricht dem Argument, dass urbane Entwürfe grundlegende Annehmlichkeiten für die nicht sesshafte Bevölkerung von Melbourne bieten sollen.

Innerhalb der Grenzen eines solch kleinen Programms haben wir ein Projekt mit der Überzeugung entwickelt, dass wohl überlegte Architektur auch in so bescheidener Form erhebend wirkt.

→

Bus Shelter House

The Bus Shelter House argues for compassionate infrastructure – it's a bus shelter (when public transport is running) which converts into emergency overnight accommodation. The regular advertising hoarding is modified to act as a dispenser of blankets, food and water. As well the hoarding acts as a small gallery space where art can be exhibited and promoted. The shelter has the potential to be solar powered and it is proposed that its glass roof and back double as a giant digital projection screen.

Park Bench House

'Melbourne – the world's most livable city' – (provided you have somewhere to live) the 1996 census[1] revealed that for every ten thousand people in inner Melbourne, one hundred seventy-three had no form of shelter. A humane city can provide its homeless with the most rudimentary shelter by building it into the city's infrastructure – park benches, bus shelters, tram stops etc.

On another level this project seeks to define 'house' in its most fundamental term –'shelter' – and attempts to expose a pressing social need within which architects can provide a vital role.

The Park Bench House can be sited in any appropriate urban environment. As an urban intervention it adapts a dual purpose – seat during the day + house at night. A static urban element becomes a dynamic part of the fabric of the city.

The Park Bench House is part of our proposition that the city is a place of sustenance and support for displaced people and that as such, its infrastructure should be designed to (under controlled circumstances if necessary) accommodate rather than shun the homeless. It is an argument for urban design which incorporates basic amenity for the transient population of Melbourne.

Within the limits of such a tiny programme we have made a response based on the premise that well-considered architecture, even in such a humble form, can be ennobling.

Future Shack (Zukunftsbaracke)

Future Shack ist ein in Serienproduktion gefertigtes mobiles Haus für Notfälle (Kriege, Naturkatastrophen), wenn die festen Häuser zerstört würden. Es ist eine mittelfristige Lösung aus Transportcontainern als Basismodul, die stapelbar und wieder verwendbar sind.

Ein Sonnenschirmdach ist im Container verpackt. Nach der Montage beschattet das Dach den Container und schirmt so das Gebäude gegen die Sonneneinstrahlung ab. Vom Container ausklappbare Füße ermöglichen seine Montage ohne Aushubarbeit oder auf unebenem Untergrund.

Das Haus ist vielfältig einsetzbar: nach Überschwemmungen, Bränden, Erdbeben und ähnlichen Naturkatastrophen, als temporäre Behausung, als Haus für die Dritte Welt, als Haus in entlegenen Gebieten etc. Der Container ist so universell, dass er in der ganzen Welt aufgestellt werden kann. Die Montagezeit des Future Shacks beträgt vierundzwanzig Stunden.

Als Architekten in stabilen Demokratien haben wir ganz klare Verantwortlichkeiten. Im Vergleich dazu ist unsere Rolle gegenüber jenen Gesellschaften, die durch Gewalt ihrer Freiheit beraubt wurden oder deren Städte durch Naturkräfte zerstört wurden, oder in denen Generationen von Minoritäten aus politischer Räson zur Armut gezwungen wurden, unklar. Das Erfordernis der „Schaffung von Wohnraum", die sich aus Kriegselend ergibt, bietet Architekten die Möglichkeit, Not leidenden Mitmenschen Unterkünfte bereitzustellen.

Der erste Prototyp wurde 2004 im Cooper Hewitt Design Museum des Smithsonian Institute ausgestellt.

[1] C. Chamberlain, Homelessness in Victoria, Monash University, Juli 2000.

Future Shack

Future Shack is a mass produced relocatable house for emergency or relief shelter after war or natural disaster has destroyed people's homes. It is a mid-term solution using shipping containers as a base module which can be stockpiled for re-use.

A parasol roof packs inside the container. When erected, the roof shades the container and reduces heat load on the building. Legs telescope from the container enabling it to be sited without excavation on uneven terrain.

This house has applications for a variety of needs – post flood, fire, earthquake or similar natural disasters, temporary housing, third world housing, remote housing and so on. The universal nature of the container means that the houses can be easily transported throughout the world. The Future Shack can be fully erected in twenty-four hours.

As architects in stable democracies our responsibilities are reasonably clear cut. Our role in those societies where freedom has been ripped away by force, or where nature has devastated whole cities, or when generations of minority groups have been forced into a life of poverty because of a political philosophy, is hazy by comparison. The need 'to house', born out of the adversity of war offers for architects the opportunity to provide shelter for fellow human beings in need.

The original prototype was exhibited in 2004 at the Smithsonian Institute's Cooper Hewitt Design Museum in New York.

[1] C. Chamberlain, Homelessness in Victoria, Monash University, July 2000.

SEAN GODSELL, BUS SHELTER HOUSE

SEAN GODSELL, PARK BENCH HOUSE

ORT MEANS PLACE, SITE, LOCATION AND MORE

SEAN GODSELL, FUTURE SHACK

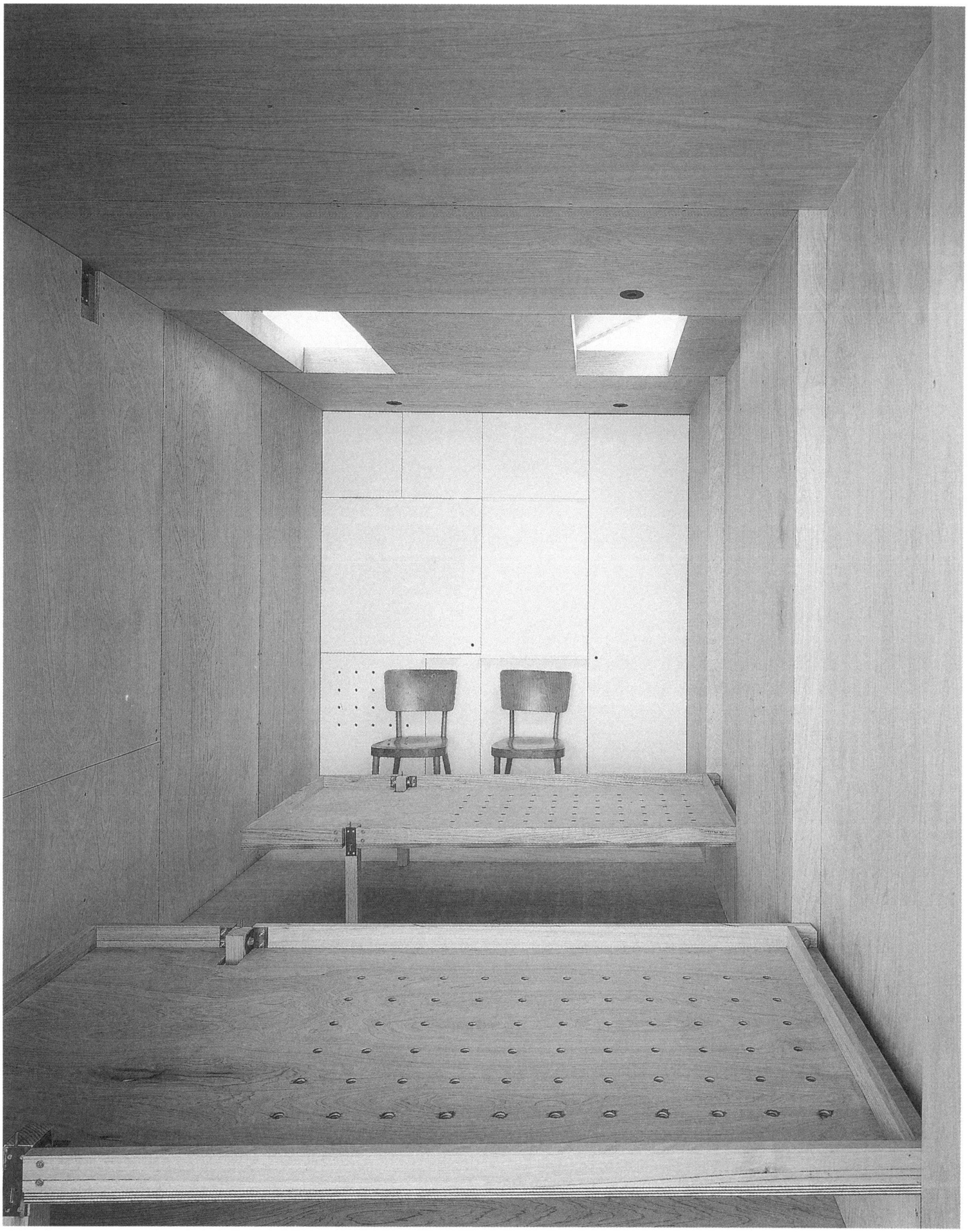

DIE VARIABLE KONSTANTE ORT
ORT THE VARIABLE CONSTANT

IRMFRIED WINDBICHLER

GEBOREN 1947, ARCHITEKT, LEBT IN GRAZ. SEIT 1982 EIGENES ARCHITEKTURBÜRO. GASTPROFESSOR UND VISITING CRITIC AN MEHREREN UNIVERSITÄTEN IN DEN USA, 1998 GASTPROFESSOR AM NEW JERSEY INSTITUTE OF TECHNOLOGY, NEWARK, USA. LEHRT SEIT 2002 AN DER TECHNISCHEN UNIVERSITÄT GRAZ. 2004–2005 VORSITZENDER IM HAUS DER ARCHITEKTUR GRAZ.

BORN 1947, ARCHITECT, LIVES IN GRAZ. OWN PRACTICE SINCE 1982. GUEST LECTURES AND VISITING CRITIC AT SEVERAL US-UNIVERSITIES. 1998 GUEST PROFESSOR AT NEW JERSEY INSTITUTE OF TECHNOLOGY, NEWARK, USA. TEACHING SINCE 2002 AT GRAZ UNIVERSITY OF TECHNOLOGY. 2004–2005 CHAIRMAN OF HAUS DER ARCHITEKTUR GRAZ.

→

die frage nach dem architektonischen ort erscheint zunächst müssig, aber was ist dieser architektonische ort wirklich? ist er das vorher, das nachher, und was macht einen ort zu einem architektonischen?

wenn man davon ausgeht, dass bauten und urbanistische massnahmen einen starken sozialen und wirtschaftlichen impact haben und städte und landstriche oft auf jahrhunderte determinieren, tragen architekten und bauherren unermessliche verantwortung.

die flucht in den virtuellen ort, den jeder mit sich im kopf herumträgt, ist wegen ihrer nichtmaterialität und ihrer unverbindlichkeit verlockend und mag in ihrer unörtlichkeit als utopie einer architektur erscheinen, die keine materielle umsetzung mehr braucht und deshalb, weil schneller, billiger und universeller, die traditionelle architektur überholen wird. die sozialen, wirtschaftlichen und historischen auswirkungen erscheinen weniger gravierend und damit auch die verantwortung.

ausgehend von der notwendigkeit von architektur als rahmen für die menschliche existenz, die sich materiell auch ganz banal manifestiert, ist es notwendig, sich mit dem materiellen rahmen dafür auseinander zu setzen. der ort als voraussetzung für raum ist dabei ein konstanter und gleichzeitig variabler faktor. das reagieren auf den ort, indem man ihn verändert oder auch nur interpretiert, schafft eine neue örtlichkeit, deren eigenschaften nicht nur geografische und geometrische aspekte, sondern auch wirtschaftliche, soziale und künstlerische enthalten. aus dem ort entstehen die produktionsbedingungen für architektur, die in reziproker wirkung gesellschaftliche und räumliche entwicklungen beeinflussen, eine endlosschleife also.

architekten sind immer wieder damit beschäftigt, sich mit orten auseinander zu setzen, sich gegen örtliche bedingungen zur wehr zu setzen, orte neu zu definieren oder sich gegen orte abzugrenzen. der ort ist ein universelles leitthema der architektur, selten ausgesprochen, meist implizit, auch in seiner negation, als unort. selbst das negieren bestätigt die omnipräsenz und die wichtigkeit des ortes als architektonisches hauptthema.

sogar wiederholungen, die scheinbar überall gleich sind, sind untrennbar mit dem ort verbunden. antike tempel, gotische oder barocke kirchen, die als typus genau einem formenkanon folgen, sie alle definieren oder überhöhen ihren ort und machen ihn einzigartig.

weniger trifft dies auf unsere heutigen einkaufstempel in den weichbildern der städte zu, wo sich gelegentlich der eindruck breit macht, der ort könnte verloren gehen.

→

at first the question about the architectural place seems futile, however, what is the architectural place really? is it what was there before or after, and what makes a place an architectural one?

if we base our assumption on the fact that buildings and urbanist measures have a strong social and economic impact, often shaping cities and landscapes for decades to come, architects and clients have an incredible responsibility.

refuge to the virtual place that is in everybody's mind seems tempting because of its non-materiality and noncommittal character. in its placelessness it might seem to be an architectural utopia not requiring implementation and which, being faster, cheaper and more universal, will eventually outdo traditional architecture. social, economic and historical effects seem less serious and so does responsibility.

if there is a necessity of architecture as a framework for human existence, which is also manifested materially in a quite trivial way, it is necessary to discuss the material frame for it. place as a prerequisite for space is both a constant and variable factor. reaction to the place by changing or merely reinterpreting it, creates a new character of the place, involving not only geographical and geometrical aspects but also relating to business, social aspects and art. the reproduction conditions for architecture result from the place and reciprocally influence social and spatial developments – hence an infinite loop.

architects repeatedly have to deal with places, fight local conditions, newly define places or stake their claims. place is a universal key theme of architecture, rarely voiced, often implicit, also in its negation, as a non-place. even negation confirms its omnipresence and the importance of the place as a key architectural theme.

even repetition, which seems to be the same everywhere, is intrinsically tied to the place. antique temples, gothic and baroque churches, which as a type meticulously follow a canon of forms, define and elevate the place, rendering it unique.

this applies less to modern shopping temples in our cities' skylines, where we sometimes get the impression that the place might get lost.

an architecture / art project can serve as an example of the power of a place. the object of the installation was basically always the same, an abstraction of stairs, in graz, rome and in panicale. and still some totally different results were created due to completely different local conditions.

für die kraft des ortes kann ein architektur-kunstprojekt als beispiel dienen. das objekt der installation war im grunde immer das gleiche, eine abstraktion einer treppe, in graz, in rom und in panicale. und doch, durch die unterschiedlichen örtlichen bedingungen entstanden jeweils völlig verschiedene ergebnisse.

wurde in graz der schlichte galerieraum des forum stadtpark mit seiner holzdecke so verwandelt, dass die besucher der ausstellung anfangs stumm wie in einem sakralraum verharrten, war die installation in rom gleich in einem sakralen raum errichtet worden, in der sakristei der basilika san giovanni e paolo auf dem monte celio. hier musste sie sich gegen den sakralen raum behaupten. noch dazu führten in diesem raum die kartonstufen, aus denen die skulptur bestand, auf ein hoch gelegenes fenster zu, ins licht also, was für interpretationen natürlich ein willkommener aufhänger war und doch nur aus den gegebenheiten des ortes resultierte. die aufwendige hilfskonstruktion, die notwendig war, um die kartonstufen ohne berührung des deckenfreskos abzuhängen, bildete quasi einen filter zum himmel, auch das konnte man bedeutungsschwer hinterlegen und es war doch nur eine bedingung des ortes.

die dritte umsetzung wurde in einer ehemaligen kirche in panicale bei perugia eingerichtet, in einem raum mit offenem dachstuhl und grosszügiger weite, wo das absolut reduzierte treppenobjekt besonders gut zur geltung kam.

die skulptur war in allen fällen im grunde die gleiche, an roten fäden frei abgehängte, frei schwingende treppenstufen aus karton, die eine treppe in natürlicher grösse darstellten. in sich war das objekt nicht mehr weiter reduzierbar und es bestand immer nur aus so viel material, wie ich im kofferraum meines espace transportieren konnte. und doch, durch die unterschiedlichen orte wurden daraus sehr unterschiedliche installationen, in einem ausmass, das mich selbst erstaunte.

die erkenntnis aus diesem projekt geht in zwei richtungen: zum einen ist es möglich, einen ort mit sehr wenig material sehr stark zu verändern, ihn aufzuladen. zum anderen bleibt die kraft des ortes durch alle interventionen hindurch spürbar und dominant. der ort also, in seiner räumlichen und kulturellen präsenz, ist ein entscheidender faktor für die produktion von architektur und kunst.

while in graz, the plain gallery room of forum stadtpark with its wooden ceiling was transformed in such a way that visitors to the exhibition found themselves standing silently as if in a religious building, the installation in rome really was set up in a religious building, in the vestry of the san giovanni e paolo basilica on monte celio. In this case it had to assert itself in the face of the religious setting. on top of which, the cardboard steps that made up the sculpture led up to a high window in this room, i.e. towards the light, which was, of course, a welcome gimmick for various interpretations but was nevertheless a result of the conditions in this place. the complex auxiliary construction, that was required to suspend the cardboard steps without touching the ceiling frescos, constituted a kind of filter to the heavens – another aspect that could be fraught with significance, and yet it was also only a condition of the place.

the third implementation was set up in a former church in panicale near perugia, in a spacious room with open roof timbers where the totally reduced stair object was particularly effective.

in all cases, the sculpture was essentially the same, freely suspended steps hanging on red threads, representing a real-sized staircase. In itself, the object could not be further reduced, and it always consisted of just so much material that would fit in the boot of my espace. and yet, thanks to the various places, the installations turned out very differently – to an extent that astonished even me.

this project led to two basic discoveries: on the one hand, it is possible to change a place profoundly with the aid of just a little material, to charge it with meaning. on the other hand, the power of the place remains tangible and dominant through all the interventions. the place, then, in its spatial and cultural presence, is a decisive factor for the production of architecture and art.

IRMFRIED WINDBICHLER, FORUM STADTPARK „DIE ROTE TREPPE", GRAZ

IRMFRIED WINDBICHLER, SALA S. AGOSTINO, PANICALE, ITALY

IRMFRIED WINDBICHLER, BASILICA S. GIOVANNI E PAOLO, ROME

DIE PARTIZIPATION DES VORHANDENEN
DER ORT ALS REFERENZ
THE PARTICIPATION OF THE AVAILABLE
THE PLACE AS A REFERENCE

ERICH PRÖDL

GEBOREN 1964, ARCHITEKT, LEBT IN GRAZ. ARCHITEKTURSTUDIUM AN DER AKADEMIE DER BILDENDEN KÜNSTE IN WIEN, STÄDTEBAUSTUDIUM AN DER COLUMBIA UNIVERSITY IN NEW YORK (USA). 1997–1999 BÜRO IN WIEN, SEIT 1999 BÜRO IN GRAZ, GASTKRITIKER AN VERSCHIEDENEN AMERIKANISCHEN UNIVERSITÄTEN, LEHRT SEIT 2001 ARCHITEKTURENTWURF AN DER TECHNISCHEN UNIVERSITÄT IN GRAZ, 2001–2005 VORSTANDSMITGLIED IM HAUS DER ARCHITEKTUR GRAZ.

BORN 1964, ARCHITECT, LIVES IN GRAZ. STUDIED ARCHITECTURE AT THE AKADEMIE DER BILDENDEN KÜNSTE (ACADEMY OF ARTS) IN VIENNA AND FUTHERMORE URBANISM AT COLUMBIA UNIVERSITY IN NEW YORK. 1997–1999 STUDIO IN VIENNA. SINCE 1999 STUDIO IN GRAZ. GUEST CRITIC AT VARIOUS UNIVERSITIES IN THE USA. SINCE 2001 TEACHING AT THE INSTITUTE OF INTERIOR DESIGN AT GRAZ UNIVERSITY OF TECHNOLOGY. 2001–2005 MEMBER OF THE BOARD OF HAUS DER ARCHITEKTUR GRAZ.

→

Es ist nahezu unmöglich, jemandem zu erklären, wie Architektur entsteht. Jede neue Aufgabenstellung bringt sehr spezifische Rahmenbedingungen und damit mannigfaltige Einflussgrößen mit sich.

Trotz dieser vielen Einflüsse bin ich immer mehr der Überzeugung, dass sich Architektur wesentlich aus nur drei Faktoren generiert, das sind der Architekt, das Programm und der Ort.

Der Architekt ist ein Individuum mit Wurzeln und Hintergrund, Wissen und Fähigkeiten, Erinnerungen und Visionen, Interessen und Leidenschaften. Wie man als Architekt arbeitet, hat sehr viel damit zu tun, welches Bild man vom eigenen Beruf hat, worin man seine Aufgabe sieht, in welcher Rolle man sich in einem Bauprozess sieht, in welcher Rolle man sich in der Gesellschaft sieht. In jedem Planungsprozess bleibt uns eine große Freiheit in der Wahl von Form und Ausdruck, frei von den Umständen von Programm und Ort.

Das Programm bestimmt den Inhalt des Gebäudes. Mit dem Inhalt stellt sich die Frage nach dem Ausdruck des Gebäudes, nach seiner Erscheinung, nach seiner Identität.

Der Ort beeinflusst in einer besonderen Weise die Architektur.

Erst der Ort macht ein Projekt zur Architektur. Selbst Projekte, die die Verneinung des Ortes als Inhalt haben, wie Ron Herrons „Walking City" aus dem Jahre 1964, erhalten ihre Bestimmung und werden zu architektonischen Fakten, indem sie Kontakt mit einem spezifischen Ort aufnehmen. In der bekannten Fotomontage ist es New York City, die das Wesen der Walking City bestimmt.

Kaum ein Ort ist heute noch unbebaut. Das betrifft nicht nur Städte, auch bauen in der Landschaft bedeutet heute nur noch bauen in einer Restlandschaft. Als Bezugspunkte bleiben weniger der Horizont, die Geländekante, das weite Feld oder der Fluss, vielmehr die Straße, das Nachbargebäude, der Industriebau.

Die Auseinandersetzung mit dem Ort kann man durchaus als Aneignung des Ortes bezeichnen, das Erkennen von Maßstab und Rhythmus, von Materialität und der vom Vorgefundenen ausgehenden Atmosphäre. Die Ausgangssituation ist dabei immer neutral, egal ob viele oder wenige, ob gute oder schlechte Gebäude vor Ort sind.

In dem Maß, in dem wir uns das vor Ort Vorhandene bewusst machen, partizipiert das Vorhandene an unserer Architektur.

Immer seltener unterscheiden sich bestimmte Orte von anderen durch für sie typische Bauformen.

→

It is almost impossible to explain to someone how architecture develops. Every new task entails highly specific framework conditions, and thus manifold factors of influence.

Despite these many influences, I am increasingly convinced that architecture is essentially generated by only three factors – the architect, the programme, and the place.

The architect is an individual with specific roots and an individual background, with unique standards of knowledge and abilities, memories and visions, interests and passions. The way architects work has a lot do with the image they have of their profession, where they see their main function, what role they consider themselves to play in the building process and in society as a whole. In every planning process, we have a lot of freedom to choose our form and expression, quite apart from the circumstances of programme and place.

The programme determines the content of the building, which in turn raises the question of its expression, its appearance, its identity.

The place influences architecture in a particular way.

A building project only becomes architecture through the place in which it exists. Even projects that focus on the negation of the concept of place, such as Ron Herron's 'Walking City' from 1964, obtain their purpose and become architectural facts by establishing contact with a specific place. In Herron's famous photomontage, the essence of the Walking City is determined by New York.

Undeveloped areas have become scarce. This is not only true for cities – today, building in open landscapes means building on leftover land. Points of reference are no longer the horizon, the edge of the terrain, the open field, or the river – but the street, the neighbouring house, the nearest industrial building.

To examine the concept of place thus also means to appropriate it; to recognize its scale and its rhythm, its materiality, and the atmosphere made available by it. The point of departure is always neutral in this context, regardless of how many or how few buildings the place contains, and of whether they are good or bad.

To the extent that we make ourselves aware of what is available in a place, the available is an essential part of our architecture.

It is becoming increasingly rare for specific places to differ from others with typical architectural forms.

Die meisten Orte, die wir heute vorfinden, sind vielschichtig und vieldeutig. Da ist meist eine Überlagerung von unterschiedlichen Ausdrucksformen einer heterogenen Gesellschaft, von unterschiedlichen Nutzbauten einer heterogenen Wirtschaft, mit unterschiedlichem täglichem Gebrauch von Raum und Gebäuden. Diese Orte sind in ihrem Charakter sehr labil, der Geist des Ortes, den Christian Norberg-Schulz in seinem Buch „Genius Loci" als nahezu unveränderlich beschreibt, kann sehr schnell ein anderer sein.

Mein Interesse am Ort hat zu tun mit meinem besonderen Interesse an der lebendigen Gegenwart an diesen Orten, an der Alltäglichkeit in all ihrer Vielfalt und Ausprägung. Jeder Ort ist sehr spezifisch und trotzdem lässt sich seine Eingebundenheit in einen größeren kulturellen Kontext erkennen.

„Vielleicht war die Beobachtung der Dinge meine wichtigste formale Erziehung. Dann hat sich die Beobachtung in eine Erinnerung dieser Dinge verwandelt. Jetzt kommt es mir vor, als ob ich sie alle wie Werkzeuge sauber aufgereiht hätte, aufgereiht wie in einem Herbarium, in einem Katalog oder Wörterbuch. Dieser Katalog im Bereich von Vorstellung und Erinnerung ist jedoch nicht neutral; er kommt immer wieder auf einige Gegenstände zurück und bewirkt ihre Entstellung, wie auch in gewisser Weise ihre Entwicklung."[1]

Man soll bei der Betrachtung eines Ortes nie unterschätzen, was man als Person selbst an diesen Ort mitbringt, dies kann das Erkennen und Verstehen eines Ortes fördern, aber auch verhindern, unsere Wahrnehmung ist immer selektiv.

Abhängig von der gestellten Aufgabe gilt mein besonderes Interesse einmal dem Maßstab, ein anderes Mal den Materialien oder auch der spezifischen Nutzung des Raumes oder den Möglichkeiten der Produktion.

Der betrachtete Ort kann dabei ein sehr begrenzter Raum sein, aber auch eine ganze Region.

Als Referenz für eine Produktionshalle einer Tischlerei in der Oststeiermark hatte ich von Anfang an das Bild (die Erinnerung) von Tabaktrocknungshallen im Kopf, die es in Österreich nur in dieser Region gibt. In diesen Hallen werden Tabakblätter aufgehängt und getrocknet. Es gibt sie auch nicht in einer Dichte, dass sie die Landschaft charakterisieren und ihr damit Wiedererkennungswert verleihen, es ist aber ein Typus landwirtschaftlicher Nutzgebäude, der einen neuen Maßstab in die Landschaft eingeführt hat.

Die wenigsten dieser Hallen sind von bemerkenswerter architektonischer Qualität, allen gemeinsam ist aber die Spannung von großem Volumen und filigraner Textur an der Fassade auf Grund der Lüftungsmechanik.

Die von mir entworfene Produktionshalle trägt meine Erinnerung an diese Lagerhallen in sich, es hat keine Relevanz, ob sie ihnen tatsächlich ähnlich ist.

Bei Haus Z. war es der unmittelbare Ort, der das Projekt wesentlich beeinflusste. Die Kleinteiligkeit der bestehenden Bauten (Wohnhaus und Wirtschaftsgebäude) mit all ihren An- und Zubauten, die sie im Laufe der Zeit erhalten haben, schien mir für diesen Ort so angemessen und richtig, dass ich auch bei der Erweiterung des Wohnhauses trotz großem Raumprogramm mich dieser Kleinteiligkeit und Maßstäblichkeit unterordnete. Mein Thema war die poetische Erhöhung der Wirklichkeit, das Neue begegnet dem Vorhandenen mit Respekt und anerkennt dessen Wert. Trotzdem verzichtete ich nicht darauf, etwas Eigenständiges zu schaffen, das sich in seiner Formensprache klar vom Bestand absetzte, über das Material aber mit dem Bestehenden ein neues Ganzes ergibt.

Der Ort ist stärker als die Architektur. Um an einem Ort zu arbeiten und dabei nicht zu scheitern, muss man den Ort erkennen und verstehen.

Ich behaupte nicht, dass die Auseinandersetzung mit dem Ort automatisch zu einer richtigen, logischen architektonischen Lösung führt, Architektur kann von vornherein nie Reaktion auf einen Ort sein.

In der Ignoranz des Ortes sehe ich allerdings einen wesentlichen Grund für die Banalität und Unangemessenheit vieler Bauten.

[1] Aldo Rossi, Wissenschaftliche Selbstbiographie, Gachnang & Springer, Bern 1988, S. 39.

Most of the places we see today are multi-layered and ambiguous. They represent an interaction of the various forms of expression of a heterogeneous society, the different buildings of a heterogeneous economy with varying daily uses of space and structure. The character of these places is unstable – the spirit of place, which Christian Norberg-Schulz in his book 'Genius Loci' describes as almost unalterable, can change quickly today.

My interest in the concept of place has to do with my special interest in the life that is present at these places – their everyday life in all its variety and with specific characteristics. Every place is specific, but can still be seen in its larger cultural context.

'Maybe the observation of things was the most important part of my formal education. The observation of these things then changed into a memory of them. Now it seems as if I had them all lined up like tools, in a neat line, similar to a herbarium, a catalogue, or a dictionary. But this catalogue of imagination and memories is not neutral; it always comes back to a few specific things, bringing about their disfigurement and, in some way, also their development.'[1]

When observing a place, we should never underestimate what the observer, as a person, brings into it. This can help us to understand and recognize a place, but can also prevent us from doing so. Our perception is always selective.

Dependent of the set task, my interest will sometimes lie in the scale, then the materials, then again in the specific utilization of space or the possibilities of production.

The place thus perceived may be a limited space, or an entire region.

From the outset, my reference point for the production hall of a joinery in Eastern Styria was the image (the memory) of tobacco drying barns, where tobacco leaves are hung and dried, and which only exist in this region of Austria. They are not widespread enough to characterize the landscape and give it recognition value, but they are a type of agricultural building that has introduced a new scale to the landscape of the region.

Few of these halls are of remarkable architectural quality, but what they have in common is the interesting polarity between the large spatial volume and the delicate texture of the façade that results from a special air conditioning system.

The production hall that I designed carries with it the memory of these barns – whether it resembles them or not is irrelevant.

In the case of house Z., it was the immediate surroundings that had a significant influence on the project. The small volumes of the existing buildings (residential house and outbuilding), with all the extensions and additions that had developed over the course of time, seemed so appropriate and in keeping with the place itself that I decided to base the project of extending the residential house on this small-scale concept, despite the large space allocation plan that was available. My topic was the poetic heightening of reality – the new showing respect to the available and recognizing its value. However, this does not mean that I renounced the creation of a self-contained work that clearly stands out from the existing buildings – I rather wanted it to form a new whole with the available structures through the choice of material.

The place is stronger than architecture. In order to work successfully in and with a place, we must recognize and understand it.

I do not claim that the examination of a place automatically produces a correct, logical architectural solution. Architecture can never be a mere reaction to a place.

However, I think that ignorance of the concept of place is one of the main reasons behind the banality and inappropriateness of many buildings.

[1] Aldo Rossi, Wissenschaftliche Selbstbiographie, Gachnang & Springer, Bern 1988, p. 39.

ABOVE:
TOBACCO DYING BARNS, SO-CALLED „TROCKENSCHEUNEN",
ANONYMOUS, CA. 1940, STYRIA
RIGHT:
ERICH PRÖDL, MASSIVHOLZHALLE, 1997, STYRIA
ERICH PRÖDL, HOUSE Z., 1998, STYRIA

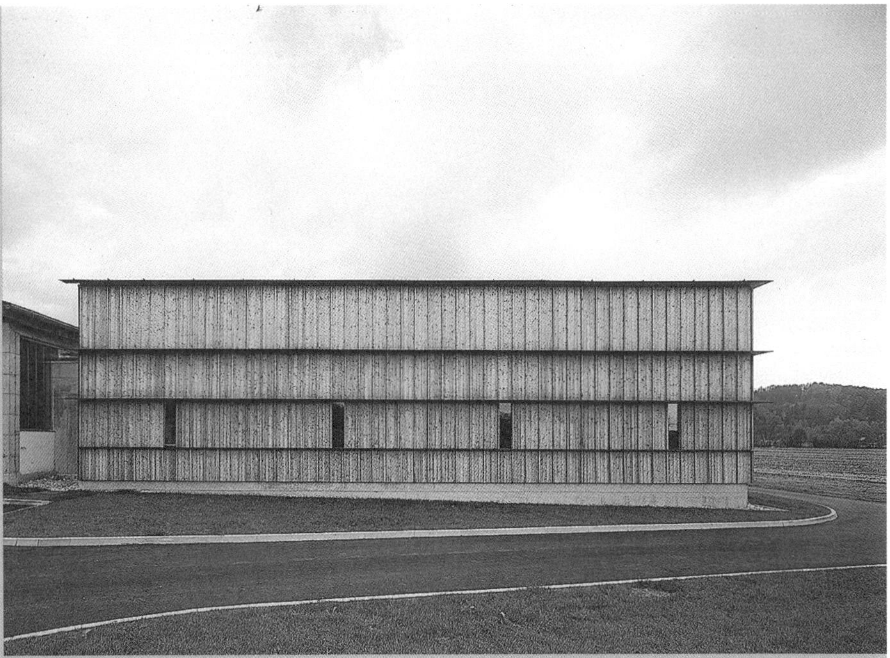

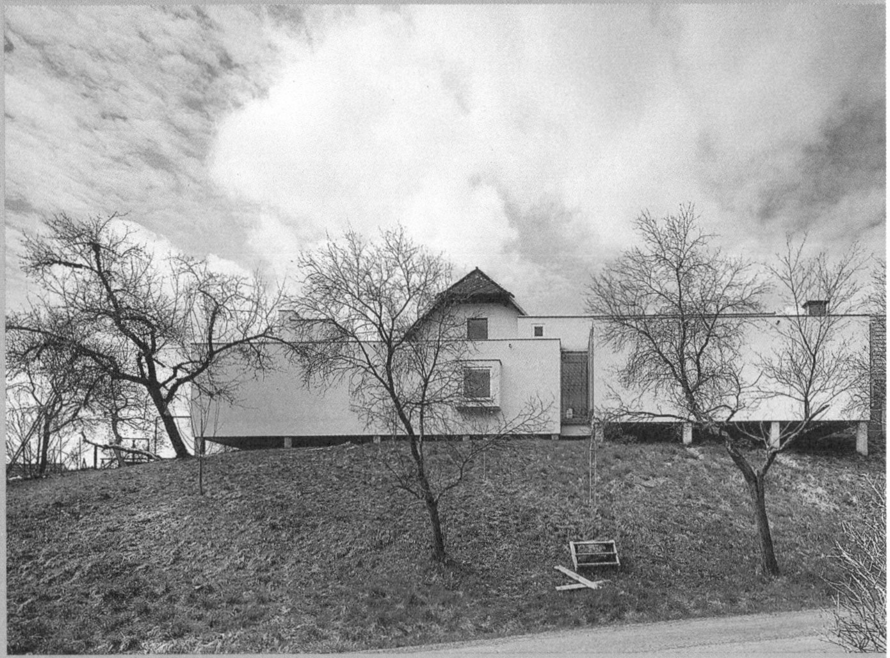

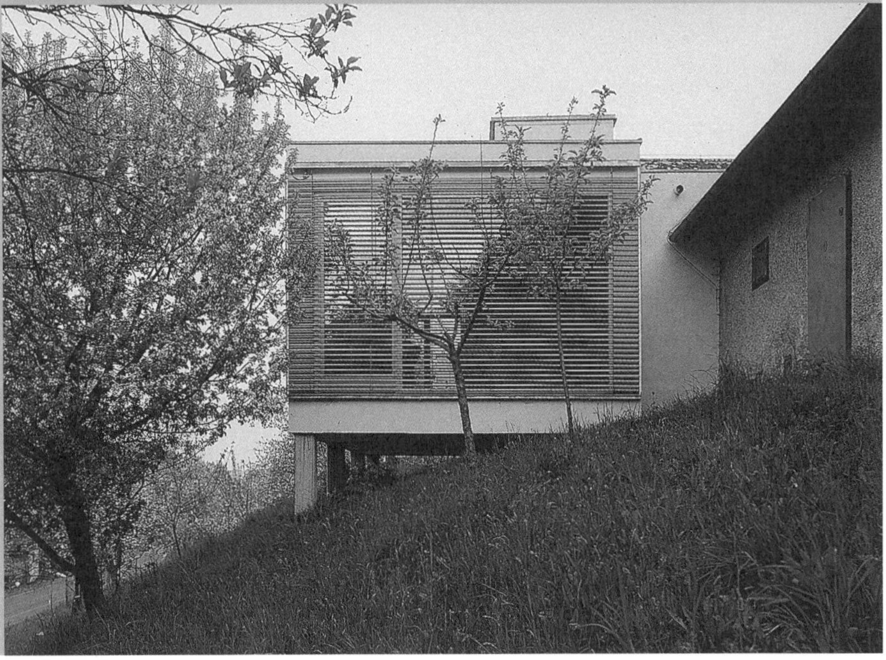

SLOWAKEI: EINE SINNVOLLE PERIPHERIE?
SLOVAKIA: MEANINGFUL PERIPHERY?

HENRIETA MORAVČÍKOVÁ

GEBOREN 1963, ARCHITEKTURHISTORIKERIN, LEBT IN BRATISLAVA. CHEFREDAKTEURIN DER SLOWAKISCHEN ARCHITEKTURZEITSCHRIFT „ARCH" UND LEITERIN DER ARCHITEKTURABTEILUNG DER SLOWAKISCHEN AKADEMIE DER WISSENSCHAFTEN. ZAHLREICHE VERÖFFENTLICHUNGEN, Z.B. MIT MATÚŠ DULLA EINE MONOGRAFIE ÜBER SLOWAKISCHE ARCHITEKTUR („SLOWAKISCHE ARCHITEKTUR IM 20. JAHRHUNDERT"), FÜR DIE SIE DEN PREIS DES SLOWAKISCHEN LITERATURFONDS UND DEN MARTIN-KUSÝ-PREIS FÜR THEORETISCHES ARBEITEN IM BEREICH ARCHITEKTUR ERHIELTEN.

BORN 1963, ARCHITECTURE HISTORIAN, LIVES IN BRATISLAVA. EDITOR-IN-CHIEF OF THE SLOVAK PERIODICAL 'ARCH' ON ARCHITECTURE AND HEAD OF THE DEPARTMENT OF ARCHITECTURE OF THE SLOVAK ACADEMY OF SCIENCE. NUMEROUS PUBLICATIONS, E.G. TOGETHER WITH MATÚŠ DULLA A MONOGRAPH ON SLOVAK ARCHITECTURE ('20TH CENTURY ARCHITECTURE IN SLOVAKIA'), FOR WHICH THEY WERE AWARDED THE PRIZE OF THE SLOVAK LITERARY FUND AND THE MARTIN KUSÝ PRIZE FOR THEORETICAL WORK IN ARCHITECTURE.

→

Prolog

Bei dem Treffen zum Thema Architekturzeitschriften in Montpellier im Jahre 1999 schrieb Dietmar Steiner eine Prämie für diejenige Architekturzeitschrift aus, die als Erste einen Beitrag über das Glashaus in Stupava veröffentlichen würde. Die Mehrheit der Teilnehmer hatte keine Ahnung, was er meinte. Sie wussten nicht, wo Stupava liegt, und viele verwechselten immer noch die Slowakei mit Slowenien. Dietmar Steiner wusste jedoch sehr wohl, wovon er sprach. Als einer der wenigen Westeuropäer hat er das kleine Einfamilienhaus aus vorgefertigten Glasbausteinen, das zu dieser Zeit bereits als eine besondere Architekturattraktion galt, auch selbst besucht. Die Architekten J. Studený und D. Kopecký gehen in ihrem Konzept auf den aktuellsten Architekturdiskurs ein. Die Architektur sollte hier lediglich einen Rahmen für die mit dem Leben der Familie verbundenen Abläufe darstellen. Sie verzichtet auf traditionelle Kategorien wie Wände, Fenster oder funktionelle Raumteilung. Das Haus war ein einzigartiges Beispiel einer bestimmten Denkweise im gesamten zentraleuropäischen Raum. Schließlich hat keine ausländische Zeitschrift etwas über das Haus in Stupava gebracht, mit einer einzigen Ausnahme: In der slowenischen Zeitschrift Arhitektov bilten[1] wurde ein Foto des im Bau befindlichen Hauses gedruckt, als Illustration zu Steiners Artikel zur Konferenz. Soviel ich weiß, hat die Redaktion die versprochene Sachertorte von Steiner jedoch nie erhalten.

Die heimische Architekturszene nahm das Haus aus Glasbausteinen zunächst mit Verlegenheit auf. Es gab zwar auch begeisterte Reaktionen, insbesondere unter den Architekturkritikern und der jüngsten Architektengeneration, die Mehrheit äußerte jedoch Bedenken, ob es sich darin auch wohnen lasse. Trotzdem erhielt das Haus 2001 gleich zwei angesehene heimische Architekturpreise: den Dušan-Jurkovič-Preis und den ARCH-Zeitschrift-Preis.

2004 haben die Besitzer das Haus umgebaut: Es wurde verkleidet, weiß verputzt, Fenster und Balkons wurden eingebaut. Das Haus bekam ein gewöhnliches, neumodernes Aussehen. Die einheimische Architekturszene war sich fast einig: Das war doch zu erwarten gewesen! Das Experiment war zu Ende.

Diese Geschichte, genauso wie die daraus resultierenden Fragen, ist typisch für das slowakische Umfeld, für die hiesige Architekturdiskussion, für das Verhältnis zwischen Bauherr und Architekt, ja sogar für das Verhältnis zwischen der Slowakei und dem Rest der Welt.

→

Prologue

On the occasion of the official meeting on European architectural magazines in Montpelllier in 1999 Dietmar Steiner offered a competition for a prize to be awarded to the architectural magazine which would be the first one to publish the Glass House in Stupava. Most of the participants at the conference had no idea what he meant. Not only they did not know where Stupava is, but also most of them were still confusing Slovakia with Slovenia. However Dietmar Steiner was well aware of what he was speaking about. As one of the few western Europeans he had visited the small-sized glass prefabricated house, which in the meantime became a frequently visited architectural attraction. Architects J. Studený and D. Kopecký conceived the detached family house in the spirit of the newest architectural discourse. Architecture was only supposed to frame the events tied to family life. They resigned traditional categories such as walls, windows or the functional articulation of rooms. The house was a unique example of such thinking in the whole of middle Europe. As a matter of fact, no review of the Stupava house was ever published in any of the foreign magazines. The photography of the house under construction in the Slovenian magazine Arhitektov bilten[1] that illustrated Steiner's contribution to the conference was the only exception. As far as I know, the Slovenian editorial office, however, has never obtained the promised Sacher cake from Steiner.

The house made of glass concrete-shaped pieces was given a puzzled reception on the domestic architectural scene from the beginning. Though some enthusiastic reactions appeared, especially from ranks of architecture critics and of the youngest generation of the architects, most of the architects gave their sceptic views on the habitability of the house. In spite of that in 2001 it was awarded two prestigious domestic architectural prizes: Dušan Jurkovič Prize and ARCH Magazine Prize.

In 2004 the house was rebuilt by its owners; walled around, plastered white, replenished with windows and balconies. The house acquired a standard neo-modernist look. The domestic architectural scene unanimously claimed: this was more than expected! The experiment was over.

This story, as well as questions it brings along, is characteristic for the Slovak environment, for its local architectural discussion, for the relation between builder

Flüchtige Impulse und anhaltende Tradition

Der Kunsthistoriker Ján Bakoš charakterisiert die Slowakei als eine „Kreuzung von Kulturen", deren Besonderheit darin liegt, dass „einerseits zwar intensive, aber doch nur flüchtige Impulse mit andererseits lang anhaltenden bis konservativen Traditionen scharf aneinander stoßen".[2] Die geografische Lage der Slowakei am Rande des Abendlandes setzt in ihrer Kultur sowohl eine starke Prägung durch westliche Zentren als auch das Vorhandensein östlicher oder südlicher Einflüsse voraus. Die Slowakei hat ihre nationale Emanzipation und Modernisierung erst im 20. Jahrhundert erfahren. Die erste Architekturschule wurde erst 1946 eröffnet. Heute hat die Slowakei fünf Millionen Einwohner und drei Architekturschulen. Das Gepräge der hiesigen Architektur ist eine logische Konsequenz geografischer Gegebenheiten, der inneren Dynamik sowie des menschlichen Potenzials dieses Landes. Für das slowakische Umfeld ist die Fähigkeit charakteristisch, auf äußere Impulse schnell zu reagieren, um sie dem heimischen Umfeld entsprechend umzugestalten. In dieser Geschwindigkeit und Offenheit birgt sich die Gefahr der Oberflächlichkeit. Dazu kommen bautechnische Unvollkommenheiten oder ganz einfach nur die Unerfahrenheit von Architekt und Bauherr in Bezug auf eine verlockende Neuheit. Impulse werden häufig auf ihre Form reduziert oder gewinnen auf Grund mangelnder praktischer Verarbeitung nicht an Boden. Auf eine schnelle Aktion in Gestalt der Annahme eines Impulses folgt meistens eine genauso schnelle Reaktion in Gestalt einer Absage mit Rückkehr auf konservativere Positionen.

Im Bezug zur Gegenwartsarchitektur steht die Architekturmoderne als anhaltende Tradition. Ihre starke Position hängt mit der klassischen Moderne zusammen, die in der Slowakei mit der Epoche der ersten Tschechoslowakischen Republik, den Jahren der nationalen Emanzipierung und einem intensiven Aufschwung der authentischen heimischen Kultur verbunden ist. Die Moderne gilt als zeitlos und ist im Schaffen von Architekten unterschiedlicher Generationen, Denkweisen und Regionen präsent. Selbst die besten Beispiele des Postmodernismus in der Slowakei waren Nacherzählungen der heimischen funktionalistischen Erfahrung. Auch in den neunziger Jahren war es insbesondere die starke Position der modernen Tradition, die für den schnellen Aufstieg der Neumoderne in der Baukunst verantwortlich war.

Die starke moderne Tradition hängt in der Slowakei jedoch auch damit zusammen, dass sich die Moderne hier niemals als angespannte Avantgarde durchgesetzt hat. Die Umgestaltung „flüchtiger Impulse" in eine für das heimische Umfeld akzeptable Gestalt, ihre Modernisierung, ja Deformierung ist für die slowakische Architekturszene des gesamten 20. Jahrhunderts kennzeichnend. „Scharfe, angespannte Positionen werden im Namen von Maßstäben verlassen, die in diesem Umfeld wichtig sind." Welche Maßstäbe sind das? Vermutlich handelt es sich vor allem um Praktikabilität und elementare Funktionsgerechtigkeit. Pragmatische Lösungen erfreuen sich hierzulande seit jeher größter Beliebtheit.

Schlechter Bauherr, guter Architekt

Bereits 1938 beschwerte sich der Architekt Oskar Singer aus Nitra, dass „es für einen Architekten nicht einfach sei, in einer Provinz zu arbeiten", wenn seine Ansichten „für einen Provinzler unbegreiflich und unannehmbar sind."[3] Ähnlich empfinden auch gegenwärtige Architekten, sodass der Bauherr oft als Hindernis bei der Entstehung wertvoller baukünstlerischer Vorhaben angesehen wird. Von einer solchen Beziehung zwischen Architekt und Bauherr zeugt auch die Tatsache, dass mehrere Architekturwerke, die die höchsten Auszeichnungen errungen haben, von ihren eigenen Bauherren oder Benutzern abgelehnt werden. Die Geschichte des Glashauses aus Stupava wiederholt sich hierzulande in verschiedenen Variationen verhältnismäßig häufig. Die Architekten Jozef Ondriaš und Juraj Závodný haben 1993 eine Villa entworfen und aus eigenen Mitteln errichtet. Sie brachten darin ihre Meinung zur Architektur und zugleich die neuesten europäischen Trends zum Ausdruck. Das vollkommene Architekturobjekt wurde zum beliebten Ziel begeisterter Bewunderer. Die Architekten bemühten sich mehrere Jahre lang erfolglos, die Villa zu verkaufen, bis ein Verwaltungsgebäude daraus wurde.[4]

Auch das Wochenendhaus in Form eines Containers aus Stahl und Holz, errichtet 1999 nach dem Entwurf der „fhp Architekten" in Horná Potôň, wurde gleich für den heimischen Architekturpreis nominiert. Später wurde das Werk in einer ganzen Reihe von Architekturzeitschriften, einschließlich der österreichischen „architektur.aktuell"[5] abgebildet. Der Bauherr jedoch hat das Haus nie benutzt, sodass es heute verlassen als Symbol eines nicht angenommenen und daher nicht erfolgreichen Konzepts dasteht.

Der Bauherr des Möbel- und Einrichtungshauses Atrium wünschte sich von Anfang an eine einzigartige Gestaltung. Der Architekt Ľubomír Závodný entwarf für ihn eine Skulptur aus Stahl und Glas, ein Einzelstück mit ungewöhnlich verlaufenden Verkaufsräumen. 2004 wurde das Bauwerk unter begeistertem Beifall

and architect and even for the relation of Slovakia to the rest of the world.

Evanescent Impulses and Enduring Tradition

In the words of art historian Ján Bakoš Slovakia is characterized as a 'crossroads of cultures' whose particularity lies in 'the sharp clashes of intense but evanescent impulses on the one hand and long-lasting up to conservative traditions on the other hand.'[2] The geographical position of Slovakia on the edge of the western world presupposes the strong influence of western centres on its culture but also the presence of eastern or southern impacts. Slovakia lived through the national emancipation as well as modernization only in the 20th century. The first school of architecture was opened here only in 1946. Today there are five millions of inhabitants and three schools of architecture in Slovakia. The character of the local architecture is a logical consequence of the given geographical facts, of the inner dynamic and human potential of the country. The Slovak environment is characterized by the ability of immediate reaction to outer impulses and their transformation within the domestic environment. This promptness and openness bring along the danger of superficiality. Enhanced by the technical imperfection of the construction process, or simply by inexperience of architect and builder in relation to the attractive novelty, the impulses are often reduced to formal ones or they do not take root due to the wrong practical processing. The fast action of receiving the impulse is often followed by the similarly fast reaction of refusal and a move towards more conservative positions.

In the relation to contemporary architecture the position of the enduring tradition is occupied by modern architecture. Its strong position is connected with classical modernity, in Slovakia identified with the period of the first Czechoslovak Republic, with the years of national emancipation and intense development of authentic domestic culture. Modernity is considered to be a timeless value and is reflected in the works of architects distant in generations, localities and opinions. Even the best examples of postmodernity in Slovakia were narrations of the domestic functionalist experience. In the nineties it was again the strong position of the modern tradition that caused the fast formation of the neomodernist architecture.

However, the strong modern tradition in Slovakia is connected with the fact that modernity never gained any exerted position. Remelting of the 'evanescent impulses' to the form acceptable by the domestic environment, their moderation, and even deformation, characterizes the Slovak architectural scene all along the 20th century. 'Sharp exerted positions are being abandoned in the name of the values important in this environment.' What are these values? Probably all is about practicality and elementary functionality. Pragmatic solutions are well received here since long ago.

Bad Builder and Good Architect

Already in 1938 the architect Oskar Singer from Nitra complains that 'for an architect it is not easy to work in the province' when his opinions meet 'lack of understanding and acceptance from the provincial man.'[3] Similar feelings accompany contemporary architects too and the builder is often and again regarded to be an obstacle in the creation of valuable architectural solutions. Such relation is proved by the fact that the builders or users refuse many works of architecture rewarded with top architectural prizes. The story of the house in Stupava is in different variations taking place quite often in this environment.

In 1993 architects Jozef Ondriaš and Juraj Závodný designed a villa and built it with own resources. It was a manifesto of their opinion on architecture and at the same time of the current European trends. Many enthusiastic admirers of architecture visited this ideal architectural project. Architects unsuccessfully tried to sell the villa for years till it finally became an administrative building.[4]

An immediate nomination for the local architectural prize followed the completion of another house, this time a weekend house in the form of a steel-wooden container built in 1999 by the fhp architects in Horná Potôň. Later it was published in a whole range of architectural magazines including the Austrian 'architektur.aktuell'.[5] However, the builder never used the house and till today it stands abandoned as a symbol of an unaccepted and thus unsuccessful concept.

The builder of the department store Atrium longed for an exceptional solution from the beginning. Architect Ľubomír Závodný designed a steel-glass sculpture for him, a solitair with a non-standard flowing commercial space. In 2004 it was awarded the ARCH Prize with excited reactions of the professional public. Soon after the opening of the commercial spaces the majority of the sellers started to shut off isolated units from the open plan. It not only caused the disappearance of the spatial concept but it introduced the division walls and backsides of furniture to the glass façade of the house. The builder tolerates the changes of the inner space, and perceives them as a practical necessity.[6]

des fachkundigen Publikums mit dem ARCH-Preis ausgezeichnet. Kurz nach der Öffnung jedoch wurde der freie Verkaufsraum abgeteilt und die meisten Händler schufen darin geschlossene Kojen. Dadurch ist das Prinzip des Raumkonzeptes verloren gegangen, und darüber hinaus sind an der Glasfassade Trennwände und Rückwände von Möbelgarnituren sichtbar geworden. Der Bauherr duldet diese Änderungen des Innenraumes jedoch und sieht darin eine praktische Notwendigkeit.[6]

Auch in der Slowakei gibt es jedoch Bauherren, die ein exzentrisches Konzept nicht nur begeistert annehmen, sondern sich damit auch langfristig identifizieren können. Der Architekt Ivan Matušík entwarf 2000 ein Einfamilienhaus in der Form eines Rohres. Er war gerade siebzig geworden und das „Elipsion-Haus" stellte in gewissem Sinne den Höhepunkt seines künstlerischen Kredos „form follows form" dar. Das Haus fand begeisterte Bauherren, die es seit vier Jahren nicht nur sehr liebevoll bewohnen, sondern auch gegen Exkursionen begeisterter Architekturbewunderer nichts einzuwenden haben. Das Haus wurde mit einem bedeutenden Architekturpreis ausgezeichnet und genießt großes Ansehen sowohl bei Kritikern als auch bei dem fachkundigen Publikum.

Polarität

Polarität war das ganze 20. Jahrhundert über und ist in der Slowakei auch heute noch eine permanente Erscheinung in der Architekturdiskussion. Gegensätzlichkeiten prägen die Architekturpresse, die Auszeichnungen und das Leben der Architektengemeinde. Bereits die Architekturdiskussion der dreißiger Jahre ist von einer Polemik zwischen Konservativ und Modern geprägt. Man erinnere sich nur an die zum zurückhaltenden Traditionalismus ermahnenden Texte der Pressburger Architekten Christian Ludwig oder Ernst Steiner und die leidenschaftlichen vorkämpferischen Erklärungen von Friedrich Weinwurm. Eine ähnliche Polarität machte sich Ende der neunziger Jahre in der Diskussion zwischen dem traditionsgebundenen Schüler von Imre Makovecz, dem Architekten Peter Pásztor, und dem begeisterten Anhänger der neuen Moderne und Neuerer Ján Bahna[7] deutlich. Auf diese Polarität ist 1995 die Entstehung der ersten unabhängigen Zeitschrift über Architektur in der Slowakei, „ARCH", zurückzuführen, deren Denkweise sich von der älteren und traditionsgebundenen „Projekt" deutlich abhebt. Auch der seit 1998 vergebene ARCH-Preis sollte eine ausgeprägte Meinung zur Architektur darstellen, die sich von anderen unterscheidet.

Integrierender Bestandteil der heimischen Architekturdiskussion ist die unversöhnliche Kritik an gegenwärtigen Standardäußerungen, wobei die Rhetorik die ganze zweite Hälfte des 20. Jahrhunderts über gleich bleibt. Am lautesten sind Stimmen von Architekten zu hören, die sich an den aktuellsten Trends und westlichen Vorbildern orientieren. In scharfen Polemiken bezeichnen sie die heimische Architekturszene als „Wüste" und die heimische Architektur als „prähistorisch".[8] Dadurch öffnet sich die Schere zwischen ihnen und der pragmatisch orientierten Mehrheit nur noch mehr. Obwohl einige Kritiker diese Polarität ausweglos finden, stellt sie doch einen wesentlichen Faktor in der heimischen Architekturszene dar, in der die Gebundenheit an die neuesten Trends ständig auf eine besonnene, pragmatische Haltung der Mehrheit stößt.

Sind wir anders, oder bleiben wir zurück?

Ein typisches Merkmal der slowakischen Architektur ist das andauernde Streben nach Überwindung des Unterlegenheits- und Minderwertigkeitsgefühls gegenüber mehr entwickelten, insbesondere westlichen Nachbarn. Fragen wie „Waren wir anders, oder blieben wir einfach nur zurück? Waren wir anders, weil wir zurückblieben?", mit denen der Philosoph František Novosád die Gefühle der slowakischen Künstlerszene treffend beschreibt, treffen auch für die Gesinnung der heimischen Architekten zu. Die auf die Position an der Peripherie zurückzuführende, eher nachlässige Reflexion des heimischen Geschehens in den Zentren wird als unrecht empfunden und führt oftmals zum Isolationismus. Mit dieser Optik erscheint das Zurückbleiben dann noch viel fataler und die Kluft zwischen dem Zentrum und der Peripherie unüberwindbar.

Diese Merkmale der slowakischen Architekturszene sind nicht vereinzelt und kommen in vielfachen Abwandlungen auch anderswo vor. Ihre Kombination macht jedoch vermutlich trotzdem die Einzigartigkeit der hiesigen Szene aus, wobei es sich nicht so sehr um Formbesonderheiten handelt. Auch ausländische Beobachter erkennen ja in der Sprache der slowakischen Architektur Anfang des 21. Jahrhunderts „keine regionalen Besonderheiten" und beurteilen sie als „typischen Ausdruck mitteleuropäischer Architekturkultur".[9] Diese Merkmale lassen eher den Mechanismus des Funktionierens der hiesigen Architektur deutlich werden. Im Lichte der Baukunst des 20. Jahrhunderts kann also die Slowakei als eine Region betrachtet werden, die zwar periphere Architektur schafft, aber zugleich eine ergänzende Antwort auf das Schaffen der Zentren gibt und somit legitimer Bestandteil europäischer Baukunst ist.

However, there are builders in Slovakia who not only accept an extravagant concept with enthusiasm, but who also identify themselves with it in a long time span. In 2000 architect Ivan Matušík designed a family house in the shape of a tube. He was seventy at that moment and the family house Elipsion was in a sense a culmination of his lifelong credo 'form follows form'. The family house found enthusiastic builders, who inhabit it for four years already without defying excursions of visitors admiring architecture. Critics and ranks of architects hold the house in decent consideration in spite of the important architectural prize it was awarded.

Polarity

In Slovakia polarity is a permanent and characteristic feature of the domestic architectural discourse all along the 20th century; it is forming the architectural press, architectural prizes and the life of the architectural community. The polemic between the conservative and the modern characterized the architectural discourse of the thirties already. Let's just mention texts by architects Christian Ludwig or Ernst Steiner from Bratislava inciting to reserved traditionalism and the stirring avant-garde claims of Friedrich Weinwurm. Similar polarity appeared in the nineties in the discussion between Peter Pásztor, the traditionally oriented follower of Imre Makovecz, and Ján Bahna, enthusiastic supporter of innovation and new modernity.[7] Such a polarity of opinions gave rise to ARCH magazine – the first independent magazine on architecture in Slovakia. It marked off a certain opinion field complementary to the one of the older and more traditional magazine Projekt. The ARCH Prize awarded annually by the magazine since 1998 represents a clear-cut opinion on architecture different from other prizes.

The irreconcilable critique of the actual standard architectural displays is a part of the domestic discourse. Here the rhetoric is the same all along the second half of the 20th century. The loudest talkers of such opinions are precisely the architects strongly oriented to the latest trends and western models. In sharp polemics they call the domestic architectural scene 'Sahara' where architecture is in the state of 'prehistory'.[8] The scissors between them and the pragmatically oriented majority are getting more and more opened. Though some critics find this polarity to be irreconcilable, it presents an important factor of the domestic architectural production, in which the orientation to the latest trends permanently clashes with the pragmatic position of the majority.

Are We Different or Backward?

One of the characteristic features of Slovak architecture is the constant effort to overcome the feeling of backwardness and inferiority in relation to the more developed western neighbours. The domestic architects are affected by questions such as 'Were we different or backward? Were we different because of being backward?', posed by the philosopher František Novosád and truthfully describing the feeling of the Slovak artistic scene. The lukewarm reflection of the domestic events in the centres, connected with the peripheral position, is perceived as a suffering of wrong and it often leads to enclosure and isolationism. In this optics the backwardness seems even more fatal and the abyss between centre and periphery insuperable.

The mentioned features of the Slovak architectural scene are not unique; in variations they happen anywhere, yet their combination creates the uniqueness of the local scene. It is not about formal specificity. The foreign observers in the beginning of the 21st century cannot 'read any regional specific signs' in the language of Slovak architecture anyway, and they evaluate Slovak architecture as 'a typical display of the middle European architectural culture.'[9] It is rather the inner mechanism of functioning of the local architecture that is revealed by these features. In the light of 20th century architecture we can thus perceive Slovakia as a region which produces peripheral architecture but at the same time represents a complementary answer to the production of the centres and in this way is a legitimate part of European architecture too.

[1] Dietmar M. Steiner, Forget the Publishers, the Readers, the Architects – lets do a Magazine. About what?, AB Arhitektov bilten, 1999, Nr. 145–146, S. 92–94.

[2] Ján Bakoš, in: Problémy dejín výtvarného umenia na Slovensku, Veda 2002, S. 16.

[3] Oskar Singer, Bauen in der Provinz, Forum 8, 1938, S. 176–185, hier S. 180–181.

[4] Matúš Dulla, Henrieta Moravčíková, Jozef Ondriaš and Juraj Závodný, Villa in Bratislava and Mýtnik Office Building, Architecture Design 66, 1996, Nr. 1–2, S. 55–59.

[5] Henrieta Moravčíková, Ein Haus wie Morgensterns Lattenzaun, architektur.aktuell, 2000, Nr. 243–244, S. 156–157.

[6] Henrieta Moravčíková, Offering Transparency, architektur.aktuell, 2004, Nr. 1–2, S. 108–115.

[7] Für die genaue Argumentation auf beiden Seiten in den dreißiger und neunziger Jahren siehe: Matúš Dulla und Henrieta Moravčíková, Architektúra Slovenska v 20. storočí, Slovart, Bratislava 2002, 512 S.

[8] Marián Zervan, Slovenská architektúra: na rozcestí, Architekt 5, 2003, Nr. 2, S. 17.

[9] Pavel Halík, Pavel Halík on ARCH Magazine Prize 2002, Architekt 5, 2003, S. 35.

[1] Dietmar M. Steiner, Forget the Publishers, the Readers, the Architects – lets do a Magazine. About what?, AB Arhitektov bilten, 1999, Nr. 145–146, p. 92–94.

[2] Ján Bakoš, in: Problémy dejín výtvarného umenia na Slovensku, Veda 2002, p. 16.

[3] Oskar Singer, Bauen in der Provinz, Forum 8, 1938, p. 176–185, here p. 180–181.

[4] Matúš Dulla, Henrieta Moravčíková, Jozef Ondriaš and Juraj Závodný, Villa in Bratislava and Mýtnik Office Building, Architecture Design 66, 1996, Nr. 1–2, p. 55–59.

[5] Henrieta Moravčíková, Ein Haus wie Morgensterns Lattenzaun, architektur.aktuell, 2000, Nr. 243–244, p. 156–157.

[6] Henrieta Moravčíková, Offering Transparency, architektur.aktuell, 2004, Nr. 1–2, p. 108–115.

[7] For the detailed argumentation of both sides in the thirties and nineties see in: Matúš Dulla, Henrieta Moravčíková, Architektúra Slovenska v 20. storočí, Slovart, Bratislava 2002, 512 p.

[8] Marián Zervan, Slovenská architektúra: na rozcestí, Architekt 5, 2003, Nr. 2, p. 17.

[9] Pavel Halík, Pavel Halík on ARCH Magazine Prize 2002, Architekt 5, 2003, p. 35.

ORIGINAL STATE: J. STUDENÝ, D. KOPECKÝ, GLASS HOUSE IN STUPAVA
CONTEMPORARY STATE

LA VENEGUERA
LA VENEGUERA

HEINZ TESAR

GEBOREN 1939, ARCHITEKT, LEBT IN WIEN. SEIT 1973 ATELIER IN WIEN, AB 2000 AUCH IN BERLIN. SEIT 1983 GASTPROFESSUREN IN DEN USA (CORNELL, HARVARD, SYRACUSE, MINNEAPOLIS) UND IN EUROPA (ETH ZÜRICH, MÜNCHEN, HAMBURG, IUAV VENEDIG). UNTERRICHTET ZURZEIT AN DER ACADEMIA DI ARCHITETTURA IN MENDRISIO, SCHWEIZ. 2000 AUSZEICHNUNG MIT DER TESSENOW-MEDAILLE IN GOLD FÜR SEIN BISHERIGES WERK.

BORN 1939, ARCHITECT, LIVES IN VIENNA. SINCE 1973 STUDIO IN VIENNA, SINCE 2000 ALSO IN BERLIN. SINCE 1983 GUEST LECTURES IN THE USA (CORNELL, HARVARD, SYRACUSE, MINNEAPOLIS) AND IN EUROPE (ETH ZURICH, MUNICH, HAMBURG, IUAV VENICE). CURRENTLY TEACHING AT THE ACADEMIA DI ARCHITETTURA IN MENDRISIO, SWITZERLAND. 2000 AWARDED THE TESSENOW MEDAL IN GOLD FOR HIS PRESENT WORKS.

→

La Veneguera. Die bis heute mehr oder weniger unberührte Landschaft wird in künstliche Natur, in eine Natur mit Wohnqualität für sechzehntausend Menschen verwandelt. Das Venegueratal wird zu Archäologie. La Veneguera ist aus archaischer, ländlicher Archäologie, Monumentalität und Innenarchitektur gemacht. Wir nennen das veneguerisch.

Vom atlantischen Ozean und den Bergen Gran Canarias aus gesehen, zeigt die neue Stadt keine Skyline von Behausung, sondern großmaßstäbliche Schichten der Gemeinschaft, wie den neuen Hafen, den Sandstrand, die Agora, das monumentale Bad und die Felsen mit Steinmauern und Glasteilen. Die Menschen leben hier intim mit der Natur. Jeder verfügt über ein eigenes Atrium und über eine Terrasse in einer wind- und wettergeschützten Oase.

Die Körper der Hotelbauten sind ein Pattern aus äußerem und innerem Lebensraum. Die Konstruktion der Stadt stellt eine zweite Schicht über der natürlichen Figur des Tales dar, Straßen und Höfe sind oder scheinen in die Erde geschnitten zu sein. La Veneguera wird ein neuer Stadttypus für Freizeit, Leben und Authentizität sein.

Die äußere Betrachtungsweise von Architektur hat ihre eigene Morphologie. Wände bestehen aus Stein, Beton, Betonmischungen, sichtbaren Steinen und Glas, bunten Rahmen und Türen. Die Hotels sind also der natürliche Hintergrund der Baudenkmäler. Die spezifische Atmosphäre jedes Hotels wird vor allem durch die Individualität der verschiedenen Dimensionen und Formen in den einzelnen Kategorien gewährleistet, sowie durch die Details der Raumgestaltung und die strukturellen und kontextuellen Qualitäten der Architektur.

Der kommerzielle Bereich – die Geschäfte, Bars, Restaurants und Kinderspielplätze – befinden sich entlang der Fußgängerzone, die dicht mit Bananenbäumen bewachsen ist. Tennis- und Sportplätze befinden sich auf den flachen Dächern der kommerziellen Gebäude. Die Straße ist als Einbahn konzipiert, und jedes Hotel hat seine eigene Parkgarage für den individuellen Gebrauch. Ein Shuttlebussystem verbindet die Hotels mit den Golfanlagen, dem Hafen, dem Bad, dem Strand, der Hauptstraße, den archäologischen Bereichen und den Felsterrassen. Die Stadt ist auf diese Weise mit ihrer Umgebung verknüpft.

La Veneguera steht für eine neue, authentische Form einer Stadt, in der Menschen leben und ihre Freizeit verbringen.

→

La Veneguera. The today more or less untouched landscape will be changed into artificial nature, nature with domestic qualities for sixteen thousand people. The Veneguera valley becomes archeology. La Veneguera is made out of archaic, rural archeology, monumentality and interior style, what we call venegueracity.

Seen from the Atlantic Ocean and from the mountains of Gran Canaria the new city has no skyline of buildings, but will see large-scaled layers of community like the harbour, the sandbeach, the agora, the monumental bath and the rocks of the mountains with stonewalls and glassparts. People live here intimate with nature. Everybody has their own atrium and terrace in a wind- and weathersheltered oasis. The body of the hotels is a pattern of exterior and interior living space. The construction of the city is a second layer above the natural figure of the valley. Streets and courts are or seem to be cut into the earth.

The outside view of the architecture has its own morphology. Walls are made of stone, concrete, concrete mixed with visible stones as well as glass, coloured frames and doors. So the hotels are background in nature and for the monuments. The specific atmosphere of each hotel is guaranteed most of all by the individuality of the different dimensions and forms created by category, interior design, small scale and textural and contextual qualities of the architecture.

Commercial area, shops, bars, restaurants and children's playgrounds are located along the central pedestrian mainstreet, which is densely stimulated by bananaplants. On the flatroofs of the commercial buildings you find tennis and sports. The street works in a one-way system, every hotel has its own parking garage for individual use. A shuttlebussystem connects hotels, golf, harbour, bath, beach, mainstreet, archaeological areas and the mountain terraces. So the city is together with its surroundings.

La Veneguera will be a new type of city for leisure, life and authenticity.

HEINZ TESAR, LA VENEGUERA, SKETCHES

Bonnard v. tub vat tank 2001

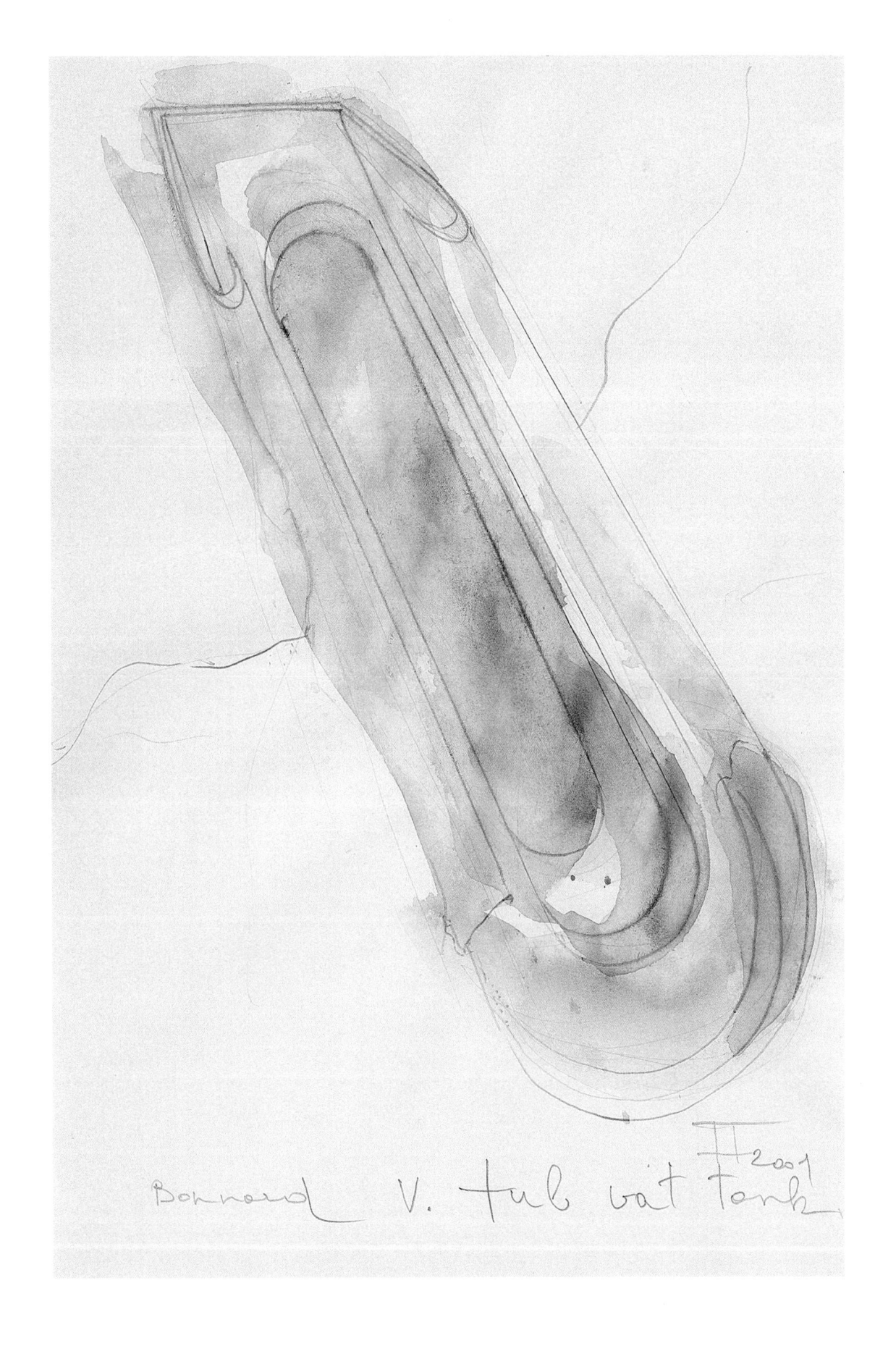

La Playa Veneguera 2.5.20

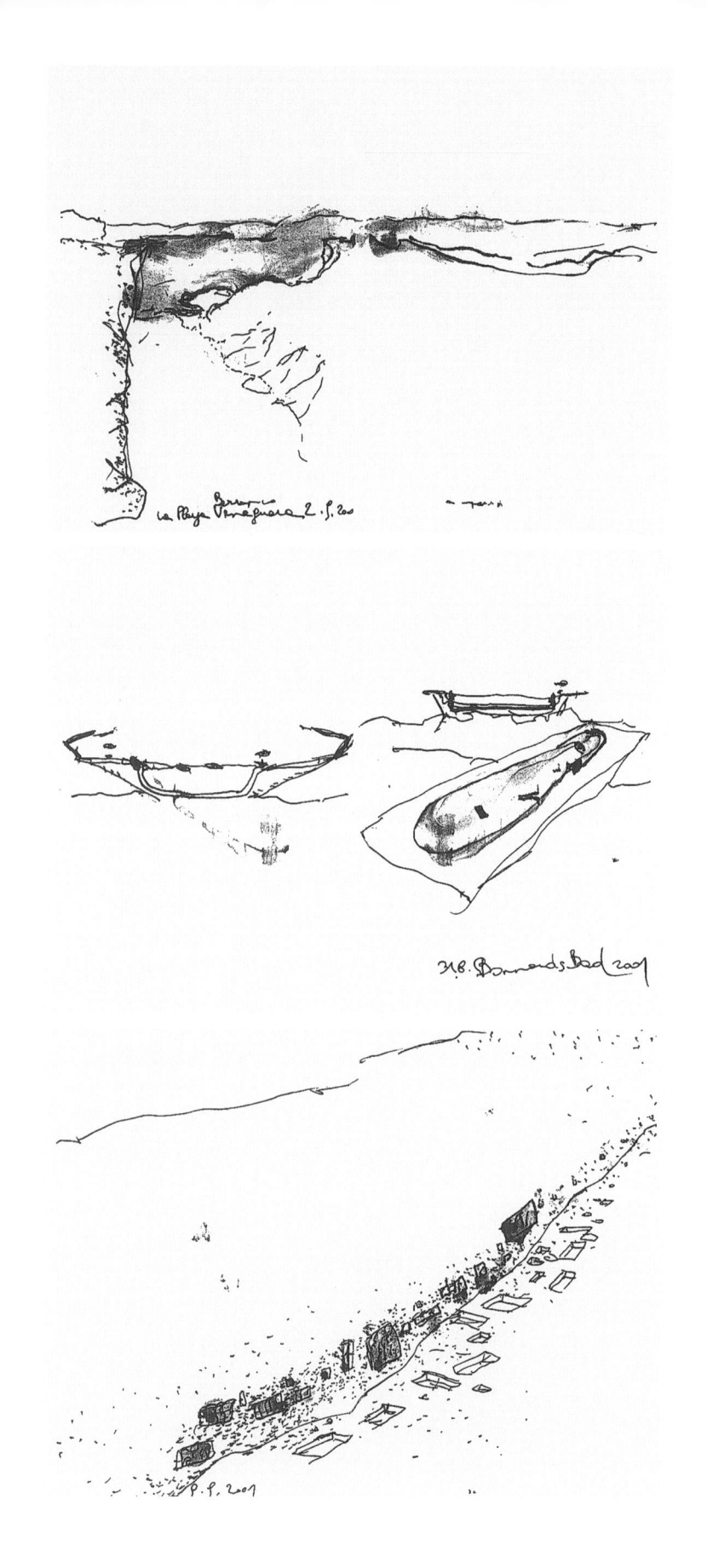

H.B. Bommelsbad 2001

L.P. 2001

Veneguera Court wall valley II 2001

DIE BUFFALO WERKSTÄTTEN
THE BUFFALO WORKSHOPS

BRIAN CARTER

GEBOREN 1942, ARCHITEKT, LEBT IN BUFFALO. ZUGELASSENER ARCHITEKT IN GROSSBRITANNIEN, ZULETZT ZUSAMMENARBEIT MIT ARUP ASSOCIATES IN LONDON, WO ER EINIGE PREISGEKRÖNTE PROJEKTE VERWIRKLICHTE. LEHRAUFTRÄGE AN INTERNATIONALEN UNIVERSITÄTEN. ZURZEIT DEKAN FÜR ARCHITEKTUR AN DER UNIVERSITY OF NEW YORK IN BUFFALO. AUTOR ZAHLREICHER BÜCHER, Z.B. „JOHNSON WAX ADMINISTRATION BUILDING AND RESEARCH TOWER (ARCHITECTURE IN DETAIL)", PHAIDON PRESS 1998.

BORN 1942, ARCHITECT, LIVES IN BUFFALO. LICENCED ARCHITECT IN THE UNITED KINGDOM, MOST RECENTLY WORKING IN PRACTICE WITH ARUP ASSOCIATES IN LONDON WHERE HE WAS THE DESIGNER OF A NUMBER OF AWARD-WINNING PROJECTS. TEACHING POSITIONS AT INTERNATIONAL UNIVERSITIES. CURRENTLY, DEAN OF THE SCHOOL OF ARCHITECTURE AND PLANNING AT STATE UNIVERSITY OF NEW YORK, BUFFALO. AUTHOR OF NUMEROUS BOOKS INCLUDING 'JOHNSON WAX ADMINISTRATION BUILDING AND RESEARCH TOWER (ARCHITECTURE IN DETAIL)', PHAIDON PRESS 1998.

→

Der Kritiker Reyner Banham identifizierte Buffalo folgendermaßen als Ort besonderer architektonischer Bedeutung: „Großartige Gebäude kommen nicht in Isolation vor; sie wachsen aus blühenden architektonischen Kulturen, in denen gute Baupraktiken und phantasievolle Planung in einer soliden, dynamischen Basis verankert sind."[1]

In dieser amerikanischen Stadt, die sich im 19. Jahrhundert als wichtiges Industrie- und Verteilerzentrum etablierte und Anfang des 20. Jahrhunderts zu zunehmendem Reichtum gelangte, manifestierte sich der Einfluss dieser blühenden architektonischen Kulturen durch den Bau einer Reihe wichtiger Wahrzeichen, darunter öffentliche und private Gebäude von berühmten Architekten wie H. H. Richardson, Louis Sullivan, Daniel Burnham, McKim Mead und White, Frank Lloyd Wright, Eliel und Eero Saarinen, Gordon Bunshaft, Minoru Yamasaki, Paul Rudolph und vielen mehr. Diese Gebäude, die einen bemerkenswerten Optimismus und Bürgerstolz widerspiegeln, wurden vor der Kulisse eines originellen, außergewöhnlich demokratischen Stadtplans von Frederick Law Olmsted erbaut.

Die Energie dieses unternehmerischen Geistes und aufgeklärten Mäzenatentums, die Buffalo zu einer derart beeindruckenden Stadt machen, entstand auch aus weniger sichtbaren, aber vielleicht ebenso bedeutsamen Strukturen. Die scheinbar einfachen, schmucklosen und nahezu unsichtbaren Werkhallen, die eigens entworfen wurden, um rasant fortschreitende industrielle Prozesse zu ermöglichen, revolutionierten nicht nur Produktion und Industrie, sondern führten eine nachhaltige Änderung der Wahrnehmung von moderner Architektur herbei. Im Gegensatz zu früheren Lagerhallen und Fabriken, die aus Mauerwerk und schwerem Bauholz bestanden und zellenförmige Räumlichkeiten mit kleinen Fenstern beherbergten, wurden die neuen Werkshallen aus Stahlbeton gebaut und großflächig verglast. Diese großzügig belichteten, gut belüfteten und feuerfesten Strukturen boten große, säulenfreie Räume, die sich neuen, sich stetig verändernden Produktionsbedingungen ideal anpassen konnten. In Buffalo waren solche Produktionsprozesse besonders im Bereich der Herstellung und Lagerung von Industriemaschinerie angesiedelt, aber auch in der Produktion von Eiscreme, Fahrrädern, Stahl, Möbeln und Seife; weiters gab es in der Stadt zahlreiche Versandhäuser. Schließlich kulminierten die industriellen Prozesse in der Herstellung des ultimativen Symbols des neuen Maschinenzeitalters – des Autos. Die neuen Werks-

→

Identifying Buffalo as a site of particular architectural significance, the critic Reyner Banham noted that 'great buildings do not occur in isolation; they grow out of flourishing architectural cultures where the habits of good construction and imaginative planning have solidity and momentum.'[1]

In this American city that grew as an important center of manufacturing and distribution in the 19th century and became increasingly prosperous at the opening of the 20th century, the impact of these flourishing architectural cultures was emphatically signalled by the construction of a series of important landmarks. These included buildings for both public and private uses that were designed by H. H. Richardson, Louis Sullivan, Daniel Burnham, McKim Mead and White, Frank Lloyd Wright, Eliel and Eero Saarinen, Gordon Bunshaft, Minoru Yamasaki, Paul Rudolph and other famous architects. Reflecting a remarkable optimism and civic pride these buildings were also constructed within the setting of an inspired and extraordinarily democratic city-wide landscape plan developed by Frederick Law Olmsted.

However, the energy of that entrepreneurial spirit and enlightened patronage that surged through Buffalo to create this impressive city was rooted in other less obvious yet arguably more significant structures. Designed specifically to house rapidly developing manufacturing processes these apparently simple, unadorned and almost invisible workshops were not only to revolutionize production and transform industry but fundamentally re-orientate the world's view of modern architecture. In contrast to earlier warehouses and factories built of masonry and heavy timber which housed cellular spaces lit by small windows, the new workshops were framed in reinforced concrete and steel and clad with expansive panels of glazing. These generously lit, well-ventilated, fire-proof structures provided large column-free spaces that could readily accommodate the changing needs of developing systems of production. In Buffalo these included the manufacture and storage of industrial machinery, ice cream, bicycles, steel, furniture, soap, mail order businesses and the construction of that ultimate symbol of the new machine age – the car. Defined by the liberating order of framed construction the radical space of this new workshop was characterized by 'pure, clear, uncoloured daylight – the sunshine of roofless fields … the possession of the American factory labourer.'[2]

hallen wurden durch die befreiende Ordnung von Gerüstbauten definiert und durch „reines, klares, farbloses Tageslicht" charakterisiert, „das Sonnenlicht von dachlosen Feldern ... den Besitz des amerikanischen Fabriksarbeiters."[2]

Auf Grund seiner Lage an den Great Lakes war Buffalo auch ein wichtiges Transportzentrum und wurde daher Standort eines weiteren Komplexes bedeutender Konstruktionen: Die Getreideheber wurden für die Lagerung von Erzeugnissen von den riesigen Feldern des Mittleren Westens geplant und wurden zu wesentlichen Komponenten eines internationalen Verteilungssystems für landwirtschaftliche Produkte. Ihre außergewöhnliche Form basierte auf einem schwerkraftbetriebenen Getreidebeförderungssystem, das im Jahre 1843 von Joseph Dart in Buffalo entwickelt worden war. Die ersten hohen Getreidesilos der Welt wurden so in Buffalo erbaut. Diese frühen Konstruktionen waren aus Holz, aber ihre Feuerempfindlichkeit führte bald dazu, dass alternative Bautechniken mit Stahl und Stahlbeton entwickelt wurden. Diese einzigartigen Strukturen, die Namen wie „Lake and Rail", „Electric Elevator", „Great Northern" und „Concrete Central" trugen, wurden zu bemerkenswerten Wahrzeichen der Stadt, die, gemeinsam mit den Tageslichtfabriken, die Aufmerksamkeit von Architekten weltweit auf sich zogen. Sowohl Walter Gropius als auch Le Corbusier bewunderten die herbe Einfachheit der Tageslichtfabriken und Getreideheber, und als Erich Mendelsohn Buffalo im Jahr 1924 besuchte, schilderte er begeistert, wie „alles Bisherige sich nun in meine Siloträume fügt. Alles vorher war nur der Anfang".[3]

Die innovative Kraft und der Wagemut der neuen Gebäude in Buffalo setzten eine Reihe von radikalen Experimenten in der Nutzung von Materialien und Erfindung neuer Bautechniken in Gang.[4] Die Getreideheber und Fabriken verkörperten neue Methoden des Einsatzes von Stahlbeton und Gleitbau, und der Bau von Sullivans Guaranty Building, zur Zeit seiner Eröffnung im Jahr 1896 wohl Amerikas bedeutendster Wolkenkratzer und gänzlich mit reich geformtem Terrakotta verkleidet, führte zu neuen Erkenntnissen über den Einsatz von Stahl und seine Anwendung in Hochhäusern. Einige Jahre später schlugen Architekt Albert Kahn und sein Bruder Julius, ein Ingenieur, innovative Systeme für Stahlbewehrung vor, die auf enthusiastische Weise in das Stahlbetongebäude für die neuen, von oben belichteten Werkshallen des Autofabrikanten George Pierce integriert wurden. In diesen Werkshallen leistete Pierce Pionierarbeit in der Verwendung von leichtgewichtigen, geformten Aluminiumkarosserien für den Pierce Arrow. Frank Lloyd Wright wiederum integrierte neue Konzepte für umweltgerechte Bau- und Planungsmethoden in die neuen Büros für die Larkin Company und eine Reihe von Häusern für ihre führenden Angestellten, die noch heute eine Inspiration für jeden Architekten darstellen.

Diese noch heute florierenden architektonischen Kulturen und die von ihnen geschaffenen Traditionen haben naturgemäß großen Einfluss auf die Arbeit der School of Architecture and Planning an der State University of New York, die sich in Buffalo befindet. Die Universität wurde mit der Absicht gegründet, an ihr breit gefächerte Designkonzepte und -definitionen zu lehren, und der „Buffalo effort" galt as Schritt zur „totalen Umkrempelung einer althergebrachten Ausbildungsmethode".[5] Das Unterrichtsprogramm wurde unter der Leitung von John Eberhard entworfen und von einem Team aus Architekten, Künstlern, Kritikern und Pädagogen weiterentwickelt, darunter John und Magda McHale, George Anselvicius und Reyner Banham. Heute liegt der Fokus der Unterrichtsinhalte auf Design und dem technologischen Imperativ im Kontext des Studiums der Kultur des 20. Jahrhunderts.

Das Programm würdigt die Werte dieser Ideen und integriert sie in einen Lehrplan, der Design, Forschung und architektonische Produktion in bemerkenswerter Art und Weise miteinander verknüpft. Dieser Ansatz wird von der Arbeit der vier Forschungszentren an der Universität mitgetragen. Die Zentren beschäftigen sich mit universellem Design, digitaler Technologie und Städteplanung sowie mit wirtschaftlichen und sozialen Fragestellungen („Community Planning") und leiten auf nationaler Ebene finanzierte Forschungsprogramme, die in großem Umfang publiziert werden und auch internationale Beachtung finden. Weiters betreibt die Fakultät eine vollständig ausgestattete Architekturwerkstatt und integriert auch digitale Technologien in die neue Designpädagogik.

„Building Buffalo" ist ein Beispiel für Designforschung, wie sie im Rahmen der Werkstatt betrieben wird. Unter der Leitung von Professor Frank Fantauzzi arbeiteten eine Gruppe Studenten und Lehrende an einem Buch, das die Geschichte der Stadt anhand ihrer Architektur veranschaulichen und ihr Vermächtnis der Öffentlichkeit zugänglich machen sollte. Im Rahmen des Projekts wurden mehr als fünfzig Basrelief-Modelle der wichtigsten Gebäude Buffalos entworfen und angefertigt. Diese Abbildungen von vertrauten Wahrzeichen wurden durch Beschreibungen ergänzt, dann in Bronze gegossen und zu einem großen, zwölfseitigen „Buch" aus gewalzter Bronze zusammengefügt. Durch die Anbringung von Gegengewichten aus Stahl und die Abstützung auf einer hölzernen Karre mit Stahlrädern –

Because of its location on the Great Lakes, Buffalo was also a major transportation hub and, as a result, it became the site of another complex of significant buildings. Planned for the storage of produce brought from the vast farmlands of the Midwest, the grain elevators were vital components of an international agricultural distribution system. Their unusual form was based on a gravity-fed grain handling system invented in Buffalo by Joseph Dart in 1843, and the world's first tall storage silos were constructed in the city. These early structures were built of wood but their vulnerability to fire soon prompted the development of alternative construction techniques using steel and reinforced concrete. These unique structures, emphatically labelled 'Lake and Rail', 'Electric Elevator', 'Great Northern' and 'Concrete Central', became notable landmarks that, along with the daylight factories, attracted the attention of architects around the world. Both Walter Gropius and Le Corbusier admired the austere simplicity of the daylight factories and elevators, and when Erich Mendelsohn visited Buffalo in 1924 he wrote enthusiastically of how 'Everything else so far now seemed to have been shaped interim to my silo dreams. Everything else was merely a beginning'.[3]

The innovation and bravado embodied in these new buildings in Buffalo stimulated a series of radical experiments in the use of materials and the invention of alternative techniques of construction.[4] As the grain elevators and factories advanced new ways of using reinforced concrete construction systems and slip-forming, so Sullivan's Guaranty Building, arguably America's most significant skyscraper at the time that it opened in 1896, not only advanced the use of steel and its application in high-rise framed structures, but was to be clad in a richly sculpted skin of terra cotta. A few years later the architect Albert Kahn and his engineer brother Julius proposed innovative systems of steel reinforcement that were enthusiastically incorporated in the reinforced concrete-framed construction of new toplit workshops for the car maker George Pierce. In those same workshops Pierce went on to pioneer and perfect the use of aluminium in the fabrication of lightweight, sculpted bodies for the Pierce Arrow. And in design of new offices for the Larkin Company and a series of houses for their senior executives, Frank Lloyd Wright integrated new concepts of environmental servicing and construction to create buildings that continue to inspire architects today.

These architectural cultures have continued to flourish and, together with the rich traditions that they created, influence work at the School of Architecture and Planning at the State University of New York in Buffalo. Founded as a school which embraced broad definitions of design 'the Buffalo effort' was heralded as a proposal 'to change totally a pattern of education'.[5] Initiated under the direction of John Eberhard and developed by a team of architects, artists, critics and educators that included John and Magda McHale, George Anselvicius and Reyner Banham, the program has advanced to develop a focus on design and the technological imperative in the context of studies of twentieth century culture.

It is a program that recognizes the value of these ideas and of integrating them in the development of a curriculum where design, research and making are conspicuously linked. This is a commitment that has been underpinned by the sustained work of four research centers in the school. These centers, which focus on universal design, the digital realm, urban design and community planning, direct programs of research that have been nationally funded, widely published and internationally recognized. The school has also developed those links by creating a large fully equipped workshop, embracing digital technology and integrating them into new design pedagogies.

'Building Buffalo' is an example of design research conducted in the setting of the workshop. Envisaged as a large book created to celebrate the city's history through its architecture and bring that civic legacy to the attention of the public, it was designed and fabricated by a group of students and faculty working under the direction of Professor Frank Fantauzzi. The project involved the creation of more than fifty bas-relief models of Buffalo's significant buildings. These depictions of familiar landmarks, each accompanied by descriptive text, were then cast in bronze and assembled to create a large twelve-page 'book' made of milled bronze stock. Fitted with steel counterweights and supported on a wooden steel-wheeled cart – itself a relic from the city's industrial past – the 'pages' of this new book have been designed so that they can be turned and read. 'Public art is often too abstract for people to understand but everyone understands books', explains Fantauzzi – a claim that has been confirmed by enthusiastic reviews and the exhibition of the project both on the university campus and in the city.

The Small Built Works Studio is another example of a program which integrates design and fabrication as a fundamental part of the pedagogy. Within this studio, now in its fifth year, more than one hundred twenty students, both undergraduate and graduate, have worked together to design and construct projects directed towards civic improvement. The studio has focused on projects that build on the potential of a workshop

BUFFALO'S HISTORIC DAYLIGHT FACTORY
BUFFALO'S GRAIN ELEVATOR

where design ideas are developed through material research, studies of assembly and the process of making. Working under the direction of architect Brad Wales, students have designed and built a series of structures which, although modest in scale, are challenging in complexity. Each of these projects was developed in collaboration with local communities and has required the preparation of budgets and securing of building permits. Selected to provide an intensive educational experience and at the same time improve facilities in the city these small buildings – bus shelters, pavilions and park structures – explore the use of steel, glass and timber in innovative constructional systems designed and assembled by students. The work produced in this studio, recently recognized with the award of the 2005 NCARB Grand Prize in a national competition that identifies the importance of connecting academia and practice, advances design beyond the boundaries of the institution through a focused program of fabrication and civic engagement.

One of the most recent research, design and fabrication projects to be undertaken by the students and faculty at the school in Buffalo is related to the development of a new study center for visitors to Frank Lloyd Wright's Darwin Martin House. Arguably the most significant of Wright's early houses, it was completed in 1906. The house is part of a large family compound that includes a pergola, conservatory and carriage house, gardener's cottage, a series of landscaped gardens and the adjacent house which Wright designed for George Barton. As a consequence this important architectural site attracts an increasing number of scholars and visitors. Working with civic groups, the city and benefactors, faculty from the school helped to develop an invited architectural competition for the design of a new visitors' center. Following the competition they worked with a team of students to curate, design and fabricate a public exhibition of the submissions invited from five young architects, prepare a catalogue documenting the design proposals and initiate a publication on the work of the winner of the competition, Toshiko Mori. With the restoration of the Darwin Martin House now well underway and the construction of the new visitors' center imminent, this project represents an important link between designing and building, research and practice, school and community.

As the workshop has been a site of fundamental importance in the development of design, invention and production in America and the wider formulation of ideas about modern architecture, so it also continues to be present in the physical and conceptual landscapes of Buffalo. As a place in the school that epitomizes the creative process of realizing architecture – a process that is raw and messy yet which is founded in deep research as well as the coordination of hand and eye – the workshop continues to shape the education of a new generation of architects in a city where the habits of good construction and imaginative planning maintain momentum and architectural cultures continue to flourish.

[1] Buffalo Architecture: A Guide, MIT Press 1981, p. 1.
[2] The American Architect and Building News, 1911.
[3] Erich Mendelsohn, Letters of an Architect, Oscar Beyer (editor), 1967, p. 69.
[4] For more information on the development of industrial architecture in the United States, particularly in Buffalo, and its impact on European modernism see: Reyner Banham, Concrete Atlantis, MIT Press 1986.
[5] Progressive Architecture, June 1971.

selbst ein Relikt aus der industriellen Vergangenheit der Stadt – kann man die „Seiten" des Buchs umblättern und lesen. „Öffentliche Kunst ist oft zu abstrakt, als dass die Menschen sie verstehen könnten – aber Bücher versteht jeder", erklärt Fantauzzi. Die begeisterten Kritiken und die Ausstellung des Projekts auf dem Universitätscampus und in der Stadt selbst geben ihm Recht.

Das „Small Built Works Studio" ist ein weiteres Beispiel für einen Lehrplan, in dem Design und Fertigung als integrale Bestandteile von Pädagogik verankert sind. In dem seit fünf Jahren bestehenden Studio entwerfen und konstruieren mehr als einhundertzwanzig Studenten aus allen Studienabschnitten Projekte, die darauf abzielen, das städtische Umfeld zu verbessern. Das Hauptaugenmerk liegt auf Projekten, die auf dem Potenzial einer Werkstatt aufbauen, in der Designideen durch Materialforschung, Montagestudien und den Herstellungsprozess selbst weiterentwickelt werden. Unter der Leitung von Architekt Brad Wales haben Studenten hier eine Reihe von Strukturen entworfen und gebaut, die zwar in kleinem Maßstab gehalten sind, aber eine außerordentliche Komplexität aufweisen. Jedes dieser Projekte wurde in Zusammenarbeit mit örtlichen Gemeinschaften entwickelt, und für alle mussten Budgets erstellt und Genehmigungen erhalten werden. Die Projekte – Busunterstände, Pavillons und andere Parkgebäude – sollten den Studenten zunächst eine intensive Lernerfahrung ermöglichen, aber gleichzeitig eine Verbesserung städtischer Einrichtungen herbeiführen. Hauptaugenmerk der Projekte liegt auf dem Einsatz von Stahl, Glas und Holz in innovativen Bausystemen, die von den Studenten selbst entworfen und zusammengefügt wurden. Die im Rahmen dieses Studios geleistete Arbeit wurde kürzlich mit der Verleihung des 2005 NCARB Grand Prize in einem nationalen Wettbewerb gewürdigt, der die enorme Wichtigkeit einer Verbindung zwischen akademischer Arbeit und Praxis unterstreicht und darauf abzielt, Designideen jenseits der Grenzen der Institution durch praxisorientierte Arbeit und städtisches Engagement umzusetzen.

Eines der jüngsten Forschungs-, Design- und Konstruktionsprojekte, die von den Studenten und dem Lehrkörper der Fakultät Buffalo in Angriff genommen wurden, ist die Entwicklung eines neuen Studienzentrums für Besucher von Frank Lloyd Wrights Darwin Martin House. Das 1906 fertig gestellte Einfamilienhaus zählt zu den bedeutendsten Frühwerken von Wright. In der Anlage befinden sich auch eine Pergola, ein Wintergarten, ein Kutschenhaus, eine Hütte für den Gärtner, eine Reihe von landschaftlich gestalteten Gärten und das benachbarte Haus, das Wright für George Barton entwarf. Dieser bedeutende architektonische Standort zieht eine immer größere Schar von Wissenschaftlern und Besuchern an. Gemeinsam mit Vertretern von Bürgern und Stadtverwaltung sowie Wohltätern riefen Lehrkräfte der Universität einen geladenen Architekturwettbewerb für die Gestaltung eines neuen Besucherzentrums ins Leben. Nach Abschluss des Wettbewerbs wurden die geladenen Beiträge von fünf jungen Architekten in einer von einem Team aus Lehrenden und Studierenden kuratierten und entworfenen öffentlichen Ausstellung gezeigt. Weiters wurde ein Katalog herausgegeben, in dem die Designvorschläge dokumentiert waren und die Arbeit des Gewinners, Toshiko Mori, der Öffentlichkeit präsentiert wurde. Die Restaurierung des Darwin Martin House ist bereits in vollem Gange und der Bau des Besucherzentrums steht unmittelbar bevor. Dies zeigt, dass das Projekt eine wichtige Verbindung zwischen Design und Bau, Forschung und Praxis, Universität und Gemeinde darstellt.

In Amerika war die Werkstatt für die Entwicklung von Design, Erfindungsgeist, Herstellung und die breitere Formulierung von Standpunkten bezüglich moderner Architektur von überragender Bedeutung, und sie ist in der physischen und konzeptuellen Landschaft Buffalos weiterhin präsent. An der Universität verkörpert die Werkstatt den kreativen Prozess architektonischer Umsetzung – ein rauer, chaotischer Prozess, dem tief greifende Forschungsaktivitäten sowie Hand-Augen-Koordination zugrunde liegen – und beeinflusst so die Ausbildung einer neuen Architektengeneration in einer Stadt, in der die Prinzipien guten Bauens und phantasievoller Planung ihre Bedeutung bewahrt haben und architektonische Kulturen weiterhin gedeihen können.

[1] Buffalo Architecture: A Guide, MIT Press 1981, S. 1.
[2] The American Architect and Building News, 1911.
[3] Erich Mendelsohn, Letters of an Architect, Oscar Beyer (editor), 1967, S. 69.
[4] Für mehr Information über die Entwicklung der industriellen Architektur in den Vereinigten Staaten, besonders in Buffalo, und ihren Einfluss auf den europäischen Modernismus siehe: Reyner Banham, Concrete Atlantis, MIT Press 1986.
[5] Progressive Architecture, Juni 1971.

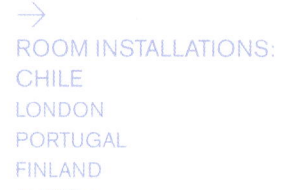

→
ROOM INSTALLATIONS:
CHILE
LONDON
PORTUGAL
FINLAND
AUSTRIA

::: SCHWACH GEFESTIGTE STÄDTISCHE ZENTREN UND MANCHMAL AUCH WUNDERSCHÖNE, ABER ANFÄLLIGE NATURGEBIETE ...

::: WEAKLY CONSOLIDATED URBAN CORES; OCCASIONALLY, TOO, OUTSTANDING BUT FRAGILE NATURAL SETTINGS.

„DIE ARBEITEN SIND NORMATIV UND BIETEN ZUGLEICH EINE AUFWERTUNG DES VORGEFUNDENEN".

THE WORK IS NORMATIVE WHILST ALSO OFFERING A VALIDATION OF THE 'AS FOUND'.

... DIALOG MIT DER ÄRMSELIGEN URBANEN WIRKLICHKEIT, ANDERERSEITS EIN ARBEITEN IM SPANNUNGSFELD ...

... A CAPACITY FOR DIALOGUE WITH THE POOR ECONOMIC SITUATION AND TO WORK IN THE FIELD OF TENSION ...

... BEGEGNUNG MIT DER NATUR, DER LANDSCHAFT UND MIT DEM KONTINUUM VON KULTUR UND ZEIT.

... ENCOUNTER WITH NATURE, LANDSCAPE, AND THE CONTINUUM OF CULTURE AND TIME.

… DIE HEILE WELT DES ÜBERSCHAUBAREN INS RUTSCHEN GERATEN …
… THIS SAFE, MANAGEABLE WORLD HAS CRUMBLED …

ort.01

ort.02

ort.03

ort.04

ort.05

ort.06

ort.01

Zum Beispiel Österreich
For Example Austria

Vorträge und Diskussion
Matthias Boeckl
Christian Matt
Jakob Dunkl
26. März 2004, 19 Uhr

Ort

Seit Anbeginn der Moderne erweist sich Österreich als relativ resistent gegen übernationale oder globale Architekturtrends: Um 1900 war es die rückständige Wirtschaftsstruktur, die keine großen Fabriks- und Bürobauten entstehen ließ, in der Zwischenkriegszeit war eine traditionell „ortsverträgliche" Bauweise selbst unter den Modernsten angesagt, und auch in den vergangenen sechzig Jahren handelten fast alle – weltweit angesehenen – Architekturleistungen aus Österreich vor dem Hintergrund überschaubarer lokaler und regionaler Akteure und Techniken. Internationale Entwicklungen wurden in Österreich stets auf hohem Niveau kritisch reflektiert und meist in sozialer Verantwortung und idealistischer Fortschrittsform baulich umgesetzt. Seit Österreichs Beitritt zur EU, seit Rem Koolhaas und MVRDV, seit den spektakulären internationalen Erfolgen von Hans Hollein und Coop Himmelb(l)au ist die heile Welt des Überschaubaren ins Rutschen geraten und Bauherren sowie Architekten wollen sich immer häufiger an globalen Trends orientieren. Der Vortrag beleuchtet die dabei auftretenden Reibungszonen zwischen Ort und Welt anhand der Produktion der letzten zehn Jahre.

Place

Ever since the beginning of modernism, Austria has proven relatively resistant to transnational or global architectural trends: Around 1900 it was the rather unprogressive economic structure that prevented large industrial or office buildings from being built. During the interwar period, even amongst the most forward thinking, the trend was towards a 'site-compatible' design. This also applies to the past sixty years, when almost all (world-famous) Austrian architectural work was executed against a backdrop of straightforward local and regional protagonists and techniques. In Austria, international developments were usually critically observed at the highest level and implemented in the spirit of social responsibility and an idealistic form of progress. Since Austria became a member of the European Union, since Rem Koolhaas and MVRDV, since the spectacular international success achieved by Hans Hollein and Coop Himmelb(l)au, this safe, manageable world has crumbled and both clients and architects now orientate themselves increasingly along global trends. These lectures will investigate the resulting areas of friction between place and world by means of theoretic reflection and on the basis of the architectural production of recent years.

ort.02

London
Kreativer Stadtumbau von unten
Creative Urban Reconstruction from Beneath

Vorträge und Diskussion
Ellis Woodman
Adam Caruso
25. Juni 2004, 19 Uhr

Noch eine britische Architektur

Die britische Szene umfasst eine ungewöhnliche Bandbreite formaler Trends.
Während britisches High-Tech, eine erklärt außer-kontextuelle Architektur, sich in den letzten zehn Jahren erfolgreich etabliert hat, taucht fast zeitgleich eine neue Generation von Architekten auf, die sich durch eine allgemeine Sensibilität und das Interesse am Alltäglichen auszeichnet.
Der Fokus liegt hier vor allem auf der Stadt als kulturell belebtem, komplexem und widersprüchlichem Ort mit Eigenschaften, die es in der Praxis zu verstehen und zu verteidigen gilt. Die Arbeiten sind normativ und bieten zugleich eine Aufwertung des „Vorgefundenen".
Dieser Ansatz kann durchaus mit dem des Künstlers verglichen werden, der seine Arbeit in Bezug zum Umfeld installiert. Es handelt sich hier um eine Architektur, die sich mit dem Ort auseinander setzt und einen Dialog mit der urbanen und kulturellen Situation aufnimmt.

Another British Architecture

The British scene supports an unusually wide range of formal tendencies.
Whilst British high-tech, an avowedly acontextual architecture, has successfully established itself over the past ten years, a new generation of architects has emerged almost simulta-

neously. This new generation is characterized by a general sensibility and an interest in the elements of everyday life. Here the focus is mainly on the city as a culturally active, complex and contradictory place with features that must be understood and defended in practice. The work is normative whilst also offering a validation of the 'as found'.
This approach could be compared to that of the artist who installs their work in relation to a particular environment. This is a kind of architecture that addresses the place and seeks an engagement with the urban and cultural situation.

ort.03

Chile
Bauen zwischen Stadt, Land und Wüste
Building between City, Forest and Desert

Vorträge und Diskussion
Rodrigo Perez de Arce
Smiljan Radic Clarke
22. Oktober 2004, 19 Uhr

Chile: Materie ohne Erinnerung

Wenn es eine lebhafte Architekturproduktion in Chile gibt, dann gibt es sie trotz der nicht vorhandenen Erinnerung. Die neue chilenische Architektur wird weder durch die Erinnerung noch durch die Tradition genährt. Es gibt keine Gebäude mit größerer historischer Bedeutung. Dies bedeutet auch, dass chilenische Architektur häufig auf dynamische und instabile Rahmenbedingungen, wie sich ausweitende Stadtrandgebiete, schwach gefestigte städtische Zentren und manchmal auch wunderschöne, aber anfällige Naturgebiete trifft.
Frei von der Last der Geschichte, lernt man bestimmte Architekturlektionen aus erster Hand von normalen, wenig bemerkenswerten Situationen. Das sind sehr bescheidene Ursprünge für ein Projekt. Man sagt, dass sich die Arbeiten einiger der interessantesten chilenischen Architekten in diesem Punkt treffen. Ihre Ansichten weichen von dem leuchtenden, aber auch heroischeren Stimulus der modernen Architektur der späten fünfziger und sechziger Jahre ab.
Diese Argumentation schließt andere Ansätze der aktuellen Architekturproduktion keineswegs aus. Sie betont einfach verschiedene Strategien, die in einer bestimmten Situation fruchtbringend und geeignet erscheinen und damit kreativ auf die Randbedingungen eines Projektes reagieren. Anhand moderner und aktueller Projekte werden kontrapunktische Fälle untersucht.

Chile: Matter without Memory

If there is a lively production of architecture in Chile, this occurs despite the absence of memory. New Chilean architecture is neither nurtured by memory nor by tradition. There are no buildings of great historical significance. This also means that Chilean architecture often encounters dynamic and unstable settings: expanding suburbs, weakly consolidated urban cores; occasionally, too, outstanding but fragile natural settings.
Freed from the burdens of history, certain lessons of architecture are learned first hand, from ordinary, unremarkable situations: these are humble origins for a project. The work of some of the most interesting Chilean architects may be said to converge at this point. Their agenda diverges from the luminous but also more heroic stimulus of modern architecture in the late fifties and sixties.
This argument does not exclude other approaches to the current production of architecture; it simply highlights certain strategies which seem to be fruitful and appropriate to a given situation, creatively responding to the circumstances of the project. A counterpoint of cases will be examined encompassing early modern and current projects.

ort.04

Finnland
Die Ästhetik des Praktischen
Aesthetics of the Practical

Vorträge und Diskussion
Juhani Pallasmaa
Olli-Pekka Jokela
18. März 2005, 19 Uhr

Finnland: Die verinnerlichte Landschaft – Der finnische poetische Pragmatismus

Wie jede andere Kunst ist auch die Baukunst Artikulation und Ausdruck unserer grundlegenden existenziellen Erfahrungen. Die Baukunst erzeugt räumliche und materielle Metaphern unserer existenziellen Begegnung mit der Welt. Die Metaphern der Baukunst sind sehr abstrahierte und verdichtete Strukturen, in denen die Vielfalt menschlicher Erfahrungen zu einzigartigen Bildern verschmilzt.
Der primäre Zustand der Architektur ist die Begegnung mit der Natur, der Landschaft und mit dem Kontinuum von Kultur und Zeit. Die Baukunst findet im Kontext der natürlichen und der von Menschen gestalteten Landschaft statt, ist aber

auch ein Dialog mit der Geschichte. Und genau aus diesem Kontext erfährt die Architektur ihre Bedeutung und ihre Besonderheit.

Finnland lag schon immer weitab, am Rande der europäischen Kultur, an der Schnittstelle zwischen dem östlichen und dem westlichen Einflussbereich. Darüber hinaus ist Finnland das am wenigsten dicht bevölkerte Land Europas und größtenteils bewaldet. Auf diese geografisch-kulturelle Befindlichkeit bzw. Landschaft reagierte man spezifisch, unter anderem mit besonderen Kunst- und Bauformen. Das Charakteristikum der finnischen Architektur seit den frühen Bauernhäusern ist die „Waldarchitektur". Diese ist tendenziell polymorph und polyrhythmisch und betont die Materialität und das Haptische vor der Geometrie und dem Erscheinungsbild. Die kulturelle Überlieferung will eine zurückhaltende, wohltemperierte und bescheidene Architektur, eine Ästhetik der „edlen Armut", nicht Überschwang oder übertriebene Expression.

Finland: The internalized Landscape – Finnish lyrical pragmatism

Like all the arts, architecture articulates and expresses our fundamental existential experiences. The art of architecture creates spatial and material metaphors of our existential encounter with the world. The metaphors of architecture are highly abstracted and condensed structures that fuse the multitude of human experiences into singular images.

The primary condition of architecture is the encounter with nature, landscape, and the continuum of culture and time. Architecture takes place in the context of landscape, both natural and man-made, but it is also a dialogue with history. Architecture acquires its very meaning and specificity from this framing.

Finland has traditionally been a remote edge of European culture, between the western and eastern cultural spheres. Besides, Finland is the least densely populated country of Europe with the largest area covered by forests. This geographic and cultural condition, and landscape has given rise to specific ways of existential response, which are also reflected in the arts and architecture. The characteristic line of Finnish architecture, since early peasant structures, can be called 'the architecture of forest'. Forest architecture tends to be polymorphic and -rhythmic, and emphasize materiality and the tactile sense over geometry and vision. The cultural tradition favours restraint, temperance and modesty, the aesthetics of 'noble poverty', over exuberance and excessive expression.

ort.05

Portugal
Schönheit ist sozial
Beauty is social

Vorträge und Diskussion
Giovanni Leoni
José Fernando Gonçalves
24. Juni 2005, 19 Uhr

Die Geschichte der modernen portugiesischen Architektur ist eine Geschichte der ständigen Suche nach dem empfindlichen Gleichgewicht zwischen Tradition und Moderne. Eine Grundlage dieser auch noch heute aktuellen Position stellt das 1961 erschienene Buch „Architectura em Portugal" dar, eine Studie über das Verhältnis von Natur, Raum und Gesellschaft.

Die Architektur in Portugal wird als eine Nahtstelle zwischen diesen Bereichen gesehen, für die Beziehung der Gesellschaft und des Menschen zum Raum und zur Natur werden nicht nur die sachlichen, sondern auch die gefühlsmäßigen Gegebenheiten berücksichtigt.

Die spezielle politische Geschichte Portugals (die faschistische Diktatur Salazars dauerte 1932–1973) und die daraus folgende schlechte wirtschaftliche Situation lehrte die Architekten einerseits die Fähigkeit zum Dialog mit der armseligen urbanen Wirklichkeit, andererseits ein Arbeiten im Spannungsfeld zwischen handwerklicher Tradition und industrieller Technik.

The history of modern Portuguese architecture is one of a constant search for the sensitive balance of tradition and modernism. One foundation of this position, that is still relevant to the present situation, is 'Architectura em Portugal' published in 1961, a study of the relationship between nature, space and society. The book sees architecture in Portugal as an interface between these spheres, and takes into account not only functional conditions but also emotional circumstances in analyzing the relationship of society and human beings to space and nature.

The specific political history of Portugal (Salazar's fascist dictatorship lasted 1932–1973) and the resultant poor economic situation taught architects a capacity for dialogue, on the one hand, and to work in the field of tension between craft tradition and industrial technology, on the other.

ort.06

Australien
Glenn Murcutt und die Folgen
Glenn Murcutt and the Consequences

Vorträge und Diskussion
Viviane Stappmanns
Sean Godsell
21. Oktober 2005, 19 Uhr

Die australische Landschaft ist außerordentlich vielseitig: weite Stein- und Sandwüsten, Hochplateaus, Ebenen und Bergketten, üppige Vegetation, breite Sandstrände, steile Klippen und erodierte Vulkankegel. Diese geografischen Bedingungen wirken sich stark auf den Prozess des architektonischen Arbeitens und Entwerfens aus.
Alles Formale oder Strukturierte muss sich entweder der ausdrucksstarken australischen Landschaft anpassen oder sie kontrastieren. Glenn Murcutt war lange der einzige in Australien geborene Architekt, der wachsendes internationales Interesse verbuchen konnte, verbunden mit, so scheint es, einhelliger Anerkennung.
Die Architektur mit ihrem Ort, ihrem Territorium und ihrer Landschaft in Einklang zu bringen versucht zunehmend auch eine junge Generation von Architekten.

The Australian landscape is extraordinarily varied: broad deserts of rock and sand, plateaux, plains and mountain ranges, lush vegetation, wide sandy beaches, steep cliffs and eroded volcanic cones. This geographical backdrop has had a strong effect on the process of architectural work and design.
Anything with form or structure is obliged either to fit into Australia's expressive landscape or to contrast with it.
For a long time, Glenn Murcutt was the only Australian-born architect to merit growing international interest coupled, it would seem, with universal approval.
Increasingly, a younger generation of architects is also striving to bring architecture into harmony with its location, territory and landscape.

Bildnachweis

9 – 14
Zita Oberwalder

15
Sigrun M. Hochegger

17
Irmfried Windbichler

24 / 25
Hannah Windbichler

30 / 31
Hélène Binet

37
Christian Richters

38
Ioana Marinescu
Hélène Binet

39
Martin Charles

44 / 45
Rodrigo Perez de Arce

54 / 55
Smiljan Radic Clarke

64
Rauno Träskelin

65
Juhani Pallasmaa

68
Alessandra Chemollo

69
José Fernando Gonçalves
Luis Ferreira Alves

74
Alessandra Chemollo

75
Fernando Távora

82 / 83
Peter Bennetts

87 – 89
Hayley Franklin

90 / 91
Earl Carter

95 – 97
Irmfried Windbichler

102
Erich Prödl

103
Paul Ott

111
Matúš Dulla
Henrieta Moravčiková

114 – 117
Heinz Tesar

122
Archiv Brian Carter
Gary Day

125 – 129
Robert Illemann

130
Zita Oberwalder:
ort.01 – ort.05
Sigrun M. Hochegger:
ort.06

Diese Ausgabe entstand mit
freundlicher Unterstützung
des Kulturamtes der Stadt Graz

Besonderer Dank gilt

BUNDESKANZLERAMT KUNST

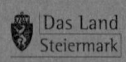

Das Land Steiermark

PORR

Schindler
The Elevator and Escalator Company

PRO FORM
Möbel zur Architektur

Arch+Ing

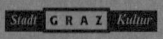

Stadt GRAZ Kultur